T&p BOOKS

ESPANHOL
VOCABULÁRIO

PALAVRAS MAIS ÚTEIS

PORTUGUÊS ESPANHOL

Para alargar o seu léxico e apurar as suas competências linguísticas

5000 palavras

Vocabulário Português-Espanhol - 5000 palavras
Por Andrey Taranov

Os vocabulários da T&P Books destinam-se a ajudar a aprender, a memorizar, e a rever palavras estrangeiras. O dicionário é dividido em temas, cobrindo todas as principais esferas de atividades quotidianas, negócios, ciência, cultura, etc.

O processo de aprendizagem, utilizando os dicionários baseados em temáticas da T&P Books dá-lhe as seguintes vantagens:

- Informação de origem corretamente agrupada predetermina o sucesso em fases subsequentes da memorização de palavras
- Disponibilização de palavras derivadas da mesma raiz, o que permite a memorização de unidades de texto (em vez de palavras separadas)
- Pequenas unidades de palavras facilitam o processo de estabelecimento de vínculos associativos necessários para a consolidação do vocabulário
- O nível de conhecimento da língua pode ser estimado pelo número de palavras aprendidas

Copyright © 2024 T&P Books Publishing

Todos os direitos reservados. Nenhuma parte desta publicação pode ser reproduzida, total ou parcialmente, por quaisquer métodos ou processos, sejam eles eletrónicos, mecânicos, de fotocópia ou outros, sem a autorização escrita do editor. Esta publicação não pode ser divulgada, copiada ou distribuída em nenhum formato.

T&P Books Publishing
www.tpbooks.com

ISBN: 978-1-78400-919-9

Este livro também está disponível em formato E-book.
Por favor visite www.tpbooks.com ou as principais livrarias on-line.

VOCABULÁRIO ESPANHOL
palavras mais úteis

Os vocabulários da T&P Books destinam-se a ajudar a aprender, a memorizar, e a rever palavras estrangeiras. O vocabulário contém mais de 5000 palavras de uso comum organizadas tematicamente.

O vocabulário contém as palavras mais comummente usadas
Recomendado como adicional para qualquer curso de línguas
Satisfaz as necessidades dos iniciados e dos alunos avançados de línguas estrangeiras
Conveniente para o uso diário, sessões de revisão e atividades de auto-teste
Permite avaliar o seu vocabulário

Características especias do vocabulário

- As palavras estão organizadas de acordo com o seu significado, e não por ordem alfabética
- As palavras são apresentadas em três colunas para facilitar os processos de revisão e auto-teste
- As palavras compostas são divididas em pequenos blocos para facilitar o processo de aprendizagem
- O vocabulário oferece uma transcrição simples e adequada de cada palavra estrangeira

O vocabulário contém 155 tópicos incluindo:

Conceitos básicos, Números, Cores, Meses, Estações do ano, Unidades de medida, Roupas & Acessórios, Alimentos & Nutrição, Restaurante, Membros da Família, Parentes, Caráter, Sentimentos, Emoções, Doenças, Cidade, Passeios, Compras, Dinheiro, Casa, Lar, Escritório, Trabalho no Escritório, Importação & Exportação, Marketing, Pesquisa de Emprego, Desportos, Educação, Computador, Internet, Ferramentas, Natureza, Países, Nacionalidades e muito mais …

TABELA DE CONTEÚDOS

GUIA DE PRONUNCIAçãO	9
ABREVIATURAS	10

CONCEITOS BÁSICOS 12
Conceitos básicos. Parte 1 12

1. Pronomes 12
2. Cumprimentos. Saudações. Despedidas 12
3. Como se dirigir a alguém 13
4. Números cardinais. Parte 1 13
5. Números cardinais. Parte 2 14
6. Números ordinais 15
7. Números. Frações 15
8. Números. Operações básicas 15
9. Números. Diversos 16
10. Os verbos mais importantes. Parte 1 16
11. Os verbos mais importantes. Parte 2 17
12. Os verbos mais importantes. Parte 3 18
13. Os verbos mais importantes. Parte 4 19
14. Cores 20
15. Questões 20
16. Preposições 21
17. Palavras funcionais. Advérbios. Parte 1 21
18. Palavras funcionais. Advérbios. Parte 2 23

Conceitos básicos. Parte 2 25

19. Dias da semana 25
20. Horas. Dia e noite 25
21. Meses. Estações 26
22. Unidades de medida 28
23. Recipientes 29

O SER HUMANO 30
O ser humano. O corpo 30

24. Cabeça 30
25. Corpo humano 31

Vestuário & Acessórios 32

26. Roupa exterior. Casacos 32
27. Vestuário de homem & mulher 32

28. Vestuário. Roupa interior	33
29. Adereços de cabeça	33
30. Calçado	33
31. Acessórios pessoais	34
32. Vestuário. Diversos	34
33. Cuidados pessoais. Cosméticos	35
34. Relógios de pulso. Relógios	36

Alimentação. Nutrição 37

35. Comida	37
36. Bebidas	38
37. Vegetais	39
38. Frutos. Nozes	40
39. Pão. Bolaria	41
40. Pratos cozinhados	41
41. Especiarias	42
42. Refeições	43
43. Por a mesa	44
44. Restaurante	44

Família, parentes e amigos 45

45. Informação pessoal. Formulários	45
46. Membros da família. Parentes	45

Medicina 47

47. Doenças	47
48. Sintomas. Tratamentos. Parte 1	48
49. Sintomas. Tratamentos. Parte 2	49
50. Sintomas. Tratamentos. Parte 3	50
51. Médicos	51
52. Medicina. Drogas. Acessórios	51

HABITAT HUMANO 53
Cidade 53

53. Cidade. Vida na cidade	53
54. Instituições urbanas	54
55. Sinais	55
56. Transportes urbanos	56
57. Turismo	57
58. Compras	58
59. Dinheiro	59
60. Correios. Serviço postal	60

Moradia. Casa. Lar 61

61. Casa. Eletricidade	61

62. Moradia. Mansão	61
63. Apartamento	61
64. Mobiliário. Interior	62
65. Quarto de dormir	63
66. Cozinha	63
67. Casa de banho	64
68. Eletrodomésticos	65

ATIVIDADES HUMANAS 66
Emprego. Negócios. Parte 1 66

69. Escritório. O trabalho no escritório	66
70. Processos negociais. Parte 1	67
71. Processos negociais. Parte 2	68
72. Produção. Trabalhos	69
73. Contrato. Acordo	70
74. Importação & Exportação	71
75. Finanças	71
76. Marketing	72
77. Publicidade	73
78. Banca	73
79. Telefone. Conversação telefónica	74
80. Telefone móvel	75
81. Estacionário	75
82. Tipos de negócios	76

Emprego. Negócios. Parte 2 78

83. Espetáculo. Feira	78
84. Ciência. Investigação. Cientistas	79

Profissões e ocupações 81

85. Procura de emprego. Demissão	81
86. Gente de negócios	81
87. Profissões de serviços	82
88. Profissões militares e postos	83
89. Oficiais. Padres	84
90. Profissões agrícolas	84
91. Profissões artísticas	85
92. Várias profissões	85
93. Ocupações. Estatuto social	87

Educação 88

94. Escola	88
95. Colégio. Universidade	89
96. Ciências. Disciplinas	90
97. Sistema de escrita. Ortografia	90
98. Línguas estrangeiras	91

Descanso. Entretenimento. Viagens	93
99. Viagens	93
100. Hotel	93

EQUIPAMENTO TÉCNICO. TRANSPORTES	95
Equipamento técnico	95
101. Computador	95
102. Internet. E-mail	96
103. Eletricidade	97
104. Ferramentas	97

Transportes	100
105. Avião	100
106. Comboio	101
107. Barco	102
108. Aeroporto	103

Eventos	105
109. Férias. Evento	105
110. Funerais. Enterro	106
111. Guerra. Soldados	106
112. Guerra. Ações militares. Parte 1	107
113. Guerra. Ações militares. Parte 2	109
114. Armas	110
115. Povos da antiguidade	112
116. Idade média	112
117. Líder. Chefe. Autoridades	114
118. Viloação da lei. Criminosos. Parte 1	115
119. Viloação da lei. Criminosos. Parte 2	116
120. Polícia. Lei. Parte 1	117
121. Polícia. Lei. Parte 2	118

NATUREZA	120
A Terra. Parte 1	120
122. Espaço sideral	120
123. A Terra	121
124. Pontos cardeais	122
125. Mar. Oceano	122
126. Nomes de Mares e Oceanos	123
127. Montanhas	124
128. Nomes de montanhas	125
129. Rios	125
130. Nomes de rios	126
131. Floresta	126
132. Recursos naturais	127

A Terra. Parte 2	129
133. Tempo	129
134. Tempo extremo. Catástrofes naturais	130

Fauna	131
135. Mamíferos. Predadores	131
136. Animais selvagens	131
137. Animais domésticos	132
138. Pássaros	133
139. Peixes. Animais marinhos	135
140. Amfíbios. Répteis	135
141. Insetos	136

Flora	137
142. Árvores	137
143. Arbustos	137
144. Frutos. Bagas	138
145. Flores. Plantas	139
146. Cereais, grãos	140

PAÍSES. NACIONALIDADES	141
147. Europa Ocidental	141
148. Europa Central e de Leste	141
149. Países da ex-URSS	142
150. Asia	142
151. América do Norte	143
152. América Central do Sul	143
153. Africa	144
154. Austrália. Oceania	144
155. Cidades	144

GUIA DE PRONUNCIAÇÃO

Alfabeto fonético T&P	Exemplo Espanhol	Exemplo Português
[a]	grado	chamar
[e]	mermelada	metal
[i]	física	sinónimo
[o]	tomo	lobo
[u]	cubierta	bonita
[b]	baño, volar	barril
[β]	abeja	sábado
[d]	dicho	dentista
[ð]	tirada	[z] - fricativa dental sonora não-sibilante
[f]	flauta	safári
[dʒ]	azerbaidzhano	adjetivo
[g]	gorro	gosto
[ɣ]	negro	agora
[j]	botella	géiser
[k]	tabaco	kiwi
[l]	arqueólogo	libra
[lʲ]	novela	ralho
[m]	mosaico	magnólia
[m]	confitura	[m] nasal
[n]	camino	natureza
[ŋ]	blanco	alcançar
[p]	zapatero	presente
[r]	sabroso	riscar
[s]	asesor	sanita
[θ]	lápiz	[s] - fricativa dental surda não-sibilante
[t]	estatua	tulipa
[tʃ]	lechuza	Tchau!
[v]	Kiev	fava
[x]	dirigir	fricativa uvular surda
[z]	esgrima	sésamo
[ʃ]	sheriff	mês
[w]	whisky	página web
[ˈ]	[reˈlox]	acento principal
[·]	[aβre·ˈlʲatas]	ponto mediano

ABREVIATURAS
usadas no vocabulário

Abreviaturas do Português

adj	-	adjetivo
adv	-	advérbio
anim.	-	animado
conj.	-	conjunção
desp.	-	desporto
etc.	-	etecetra
ex.	-	por exemplo
f	-	nome feminino
f pl	-	feminino plural
fem.	-	feminino
inanim.	-	inanimado
m	-	nome masculino
m pl	-	masculino plural
m, f	-	masculino, feminino
masc.	-	masculino
mat.	-	matemática
mil.	-	militar
pl	-	plural
prep.	-	preposição
pron.	-	pronome
sb.	-	sobre
sing.	-	singular
v aux	-	verbo auxiliar
vi	-	verbo intransitivo
vi, vt	-	verbo intransitivo, transitivo
vr	-	verbo reflexivo
vt	-	verbo transitivo

Abreviaturas do Espanhol

adj	-	adjetivo
adv	-	advérbio
f	-	nome feminino
f pl	-	feminino plural
fam.	-	familiar
m	-	nome masculino
m pl	-	masculino plural
m, f	-	masculino, feminino

n	-	neutro
pl	-	plural
v aux	-	verbo auxiliar
vi	-	verbo intransitivo
vi, vt	-	verbo intransitivo, transitivo
vr	-	verbo reflexivo
vt	-	verbo transitivo

CONCEITOS BÁSICOS

Conceitos básicos. Parte 1

1. Pronomes

eu	yo	[jo]
tu	tú	[tu]
ele	él	[elʲ]
ela	ella	['eja]
nós (masc.)	nosotros	[no'sotros]
nós (fem.)	nosotras	[no'sotras]
vocês (masc.)	vosotros	[bo'sotros]
vocês (fem.)	vosotras	[bo'sotras]
você (sing.)	Usted	[us'teð]
você (pl)	Ustedes	[us'teðes]
eles	ellos	['ejos]
elas	ellas	['ejas]

2. Cumprimentos. Saudações. Despedidas

Olá!	¡Hola!	['olʲa]
Bom dia! (formal)	¡Hola!	['olʲa]
Bom dia! (de manhã)	¡Buenos días!	['buenos 'dias]
Boa tarde!	¡Buenas tardes!	['buenas 'tarðes]
Boa noite!	¡Buenas noches!	['buenas 'notʃes]
cumprimentar (vt)	decir hola	[de'θir 'olʲa]
Olá!	¡Hola!	['olʲa]
saudação (f)	saludo (m)	[sa'lʲuðo]
saudar (vt)	saludar (vt)	[salʲu'ðar]
Como vai?	¿Cómo estás?	['komo es'tas]
O que há de novo?	¿Qué hay de nuevo?	[ke aj de nu'eβo]
Adeus! (formal)	¡Adiós!	[a'ðjos]
Até à vista! (informal)	¡Hasta la vista!	['asta lʲa 'bista]
Até breve!	¡Hasta pronto!	['asta 'pronto]
Adeus!	¡Adiós!	[a'ðjos]
despedir-se (vr)	despedirse (vr)	[despe'ðirse]
Até logo!	¡Hasta luego!	['asta lʲu'ego]
Obrigado! -a!	¡Gracias!	['graθias]
Muito obrigado! -a!	¡Muchas gracias!	['mutʃas 'graθias]
De nada	De nada	[de 'naða]
Não tem de quê	No hay de qué	[no aj de 'ke]

De nada	De nada	[de 'naða]
Desculpa!	¡Disculpa!	[dis'kulʲpa]
Desculpe!	¡Disculpe!	[dis'kulʲpe]
desculpar (vt)	disculpar (vt)	[diskulʲ'par]
desculpar-se (vr)	disculparse (vr)	[diskulʲ'parse]
As minhas desculpas	Mis disculpas	[mis dis'kulʲpas]
Desculpe!	¡Perdóneme!	[per'ðoneme]
perdoar (vt)	perdonar (vt)	[perðo'nar]
Não faz mal	¡No pasa nada!	[no 'pasa 'naða]
por favor	por favor	[por fa'βor]
Não se esqueça!	¡No se le olvide!	[no se le olʲ'βiðe]
Certamente! Claro!	¡Ciertamente!	[θjerta'mento]
Claro que não!	¡Claro que no!	['klʲaro ke 'no]
Está bem! De acordo!	¡De acuerdo!	[de aku'erðo]
Basta!	¡Basta!	['basta]

3. Como se dirigir a alguém

Desculpe (para chamar a atenção)	¡Perdóneme!	[per'ðoneme]
senhor	señor	[se'njor]
senhora	señora	[se'njora]
rapariga	señorita	[senjo'rita]
rapaz	joven	['χoβen]
menino	niño	['ninjo]
menina	niña	['ninja]

4. Números cardinais. Parte 1

zero	cero	['θero]
um	uno	['uno]
dois	dos	[dos]
três	tres	[tres]
quatro	cuatro	[ku'atro]
cinco	cinco	['θiŋko]
seis	seis	['sejs]
sete	siete	['sjete]
oito	ocho	['otʃo]
nove	nueve	[nu'eβe]
dez	diez	[djeθ]
onze	once	['onθe]
doze	doce	['doθe]
treze	trece	['treθe]
catorze	catorce	[ka'torθe]
quinze	quince	['kinθe]
dezasseis	dieciséis	['djeθi-'sejs]
dezassete	diecisiete	['djeθi-'sjete]

dezoito	dieciocho	['djeθi·'otʃo]
dezanove	diecinueve	['djeθi·nu'eβe]
vinte	veinte	['bejnte]
vinte e um	veintiuno	['bejnti·'uno]
vinte e dois	veintidós	['bejnti·'dos]
vinte e três	veintitrés	['bejnti·'tres]
trinta	treinta	['trejnta]
trinta e um	treinta y uno	['trejnta i 'uno]
trinta e dois	treinta y dos	['trejnta i 'dos]
trinta e três	treinta y tres	['trejnta i 'tres]
quarenta	cuarenta	[kua'renta]
quarenta e um	cuarenta y uno	[kua'renta i 'uno]
quarenta e dois	cuarenta y dos	[kua'renta i 'dos]
quarenta e três	cuarenta y tres	[kua'renta i 'tres]
cinquenta	cincuenta	[θiŋku'enta]
cinquenta e um	cincuenta y uno	[θiŋku'enta i 'uno]
cinquenta e dois	cincuenta y dos	[θiŋku'enta i 'dos]
cinquenta e três	cincuenta y tres	[θiŋku'enta i 'tres]
sessenta	sesenta	[se'senta]
sessenta e um	sesenta y uno	[se'senta i 'uno]
sessenta e dois	sesenta y dos	[se'senta i 'dos]
sessenta e três	sesenta y tres	[se'senta i 'tres]
setenta	setenta	[se'tenta]
setenta e um	setenta y uno	[se'tenta i 'uno]
setenta e dois	setenta y dos	[se'tenta i 'dos]
setenta e três	setenta y tres	[se'tenta i 'tres]
oitenta	ochenta	[o'tʃenta]
oitenta e um	ochenta y uno	[o'tʃenta i 'uno]
oitenta e dois	ochenta y dos	[o'tʃenta i 'dos]
oitenta e três	ochenta y tres	[o'tʃenta i 'tres]
noventa	noventa	[no'βenta]
noventa e um	noventa y uno	[no'βenta i 'uno]
noventa e dois	noventa y dos	[no'βenta i 'dos]
noventa e três	noventa y tres	[no'βenta i 'tres]

5. Números cardinais. Parte 2

cem	cien	[θjen]
duzentos	doscientos	[doθ·'θjentos]
trezentos	trescientos	[treθ·'θjentos]
quatrocentos	cuatrocientos	[ku'atro·'θjentos]
quinhentos	quinientos	[ki'njentos]
seiscentos	seiscientos	[sejs·'θjentos]
setecentos	setecientos	[θete·'θjentos]
oitocentos	ochocientos	[otʃo·'θjentos]

| novecentos | novecientos | [noβe·'θjentos] |
| mil | mil | [milʲ] |

dois mil	dos mil	[dos 'milʲ]
três mil	tres mil	[tres 'milʲ]
dez mil	diez mil	[djeθ 'milʲ]
cem mil	cien mil	[θjen 'milʲ]
um milhão	millón (m)	[mi'jon]
mil milhões	mil millones	[milʲ mi'jones]

6. Números ordinais

primeiro	primero (adj)	[pri'mero]
segundo	segundo (adj)	[se'gundo]
terceiro	tercero (adj)	[ter'θero]
quarto	cuarto (adj)	[ku'arto]
quinto	quinto (adj)	['kinto]

sexto	sexto (adj)	['seksto]
sétimo	séptimo (adj)	['septimo]
oitavo	octavo (adj)	[ok'taβo]
nono	noveno (adj)	[no'βeno]
décimo	décimo (adj)	['deθimo]

7. Números. Frações

fração (f)	fracción (f)	[frak'θjon]
um meio	un medio	[un 'meðio]
um terço	un tercio	[un 'terθio]
um quarto	un cuarto	[un ku'arto]

um oitavo	un octavo	[un ok'taβo]
um décimo	un décimo	[un 'deθimo]
dois terços	dos tercios	[dos 'terθjos]
três quartos	tres cuartos	[tres ku'artos]

8. Números. Operações básicas

| subtração (f) | sustracción (f) | [sustrak'θjon] |
| subtrair (vi, vt) | sustraer (vt) | [sustra'er] |

| divisão (f) | división (f) | [diβi'θjon] |
| dividir (vt) | dividir (vt) | [diβi'ðir] |

adição (f)	adición (f)	[aði'θjon]
somar (vt)	sumar (vt)	[su'mar]
adicionar (vt)	adicionar (vt)	[aðiθjo'nar]

| multiplicação (f) | multiplicación (f) | [mulʲtiplika'θjon] |
| multiplicar (vt) | multiplicar (vt) | [mulʲtipli'kar] |

9. Números. Diversos

Português	Espanhol	Pronúncia
algarismo, dígito (m)	cifra (f)	['θifra]
número (m)	número (m)	['numero]
numeral (m)	numeral (m)	[numeˈralʲ]
menos (m)	menos (m)	['menos]
mais (m)	más (m)	[mas]
fórmula (f)	fórmula (f)	['formulʲa]
cálculo (m)	cálculo (m)	['kalʲkulʲo]
contar (vt)	contar (vt)	[kon'tar]
calcular (vt)	calcular (vt)	[kalʲkuˈlʲar]
comparar (vt)	comparar (vt)	[kompa'rar]
Quanto, -os, -as?	¿Cuánto?	[ku'anto]
soma (f)	suma (f)	['suma]
resultado (m)	resultado (m)	[resulʲ'taðo]
resto (m)	resto (m)	['resto]
alguns, algumas ...	algunos, algunas ...	[alʲ'gunos], [alʲ'gunas]
um pouco de ...	poco, poca	['poko], ['poka]
resto (m)	resto (m)	['resto]
um e meio	uno y medio	['uno i 'meðio]
dúzia (f)	docena (f)	[do'θena]
ao meio	en dos	[en 'dos]
em partes iguais	en partes iguales	[en 'partes igu'ales]
metade (f)	mitad (f)	[mi'tað]
vez (f)	vez (f)	[beθ]

10. Os verbos mais importantes. Parte 1

Português	Espanhol	Pronúncia
abrir (vt)	abrir (vt)	[a'βrir]
acabar, terminar (vt)	acabar, terminar (vt)	[aka'βar], [termi'nar]
aconselhar (vt)	aconsejar (vt)	[akonse'χar]
adivinhar (vt)	adivinar (vt)	[aðiβi'nar]
advertir (vt)	advertir (vt)	[aðβer'tir]
ajudar (vt)	ayudar (vt)	[aju'ðar]
almoçar (vi)	almorzar (vi)	[alʲmor'θar]
alugar (~ um apartamento)	alquilar (vt)	[alʲki'lʲar]
amar (vt)	querer, amar (vt)	[ke'rer], [a'mar]
ameaçar (vt)	amenazar (vt)	[amena'θar]
anotar (escrever)	tomar nota	[to'mar 'nota]
apanhar (vt)	coger (vt)	[ko'χer]
apressar-se (vr)	tener prisa	[te'ner 'prisa]
arrepender-se (vr)	arrepentirse (vr)	[arepen'tirse]
assinar (vt)	firmar (vt)	[fir'mar]
atirar, disparar (vi)	tirar, disparar (vi)	[ti'rar], [dispa'rar]
brincar (vi)	bromear (vi)	[brome'ar]
brincar, jogar (crianças)	jugar (vi)	[χu'gar]

buscar (vt)	buscar (vt)	[bus'kar]
caçar (vi)	cazar (vi, vt)	[ka'θar]
cair (vi)	caer (vi)	[ka'er]
cavar (vt)	cavar (vt)	[ka'βar]
cessar (vt)	cesar (vt)	[θe'sar]
chamar (~ por socorro)	llamar (vt)	[ja'mar]
chegar (vi)	llegar (vi)	[je'gar]
chorar (vi)	llorar (vi)	[jo'rar]
começar (vt)	comenzar (vi, vt)	[komen'θar]
comparar (vt)	comparar (vt)	[kompa'rar]
compreender (vt)	comprender (vt)	[kompren'der]
concordar (vi)	estar de acuerdo	[es'tar de aku'erðo]
confiar (vt)	confiar (vt)	[koɱ'fjar]
confundir (equivocar-se)	confundir (vt)	[koɱfun'dir]
conhecer (vt)	conocer (vt)	[kono'θer]
contar (fazer contas)	contar (vt)	[kon'tar]
contar com (esperar)	contar con …	[kon'tar kon]
continuar (vt)	continuar (vt)	[kontinu'ar]
convidar (vt)	invitar (vt)	[imbi'tar]
correr (vi)	correr (vi)	[ko'rer]
criar (vt)	crear (vt)	[kre'ar]
custar (vt)	costar (vt)	[kos'tar]

11. Os verbos mais importantes. Parte 2

dar (vt)	dar (vt)	[dar]
dar uma dica	dar una pista	[dar 'una 'pista]
decorar (enfeitar)	decorar (vt)	[deko'rar]
defender (vt)	defender (vt)	[defen'der]
deixar cair (vt)	dejar caer	[de'χar ka'er]
descer (para baixo)	descender (vi)	[deθen'der]
desculpar (vt)	disculpar (vt)	[diskulʲ'par]
dirigir (~ uma empresa)	dirigir (vt)	[diri'χir]
discutir (notícias, etc.)	discutir (vt)	[disku'tir]
dizer (vt)	decir (vt)	[de'θir]
duvidar (vt)	dudar (vt)	[du'ðar]
encontrar (achar)	encontrar (vt)	[eŋkon'trar]
enganar (vt)	engañar (vi, vt)	[enga'njar]
entrar (na sala, etc.)	entrar (vi)	[en'trar]
enviar (uma carta)	enviar (vt)	[em'bjar]
errar (equivocar-se)	equivocarse (vr)	[ekiβo'karse]
escolher (vt)	escoger (vt)	[esko'χer]
esconder (vt)	esconder (vt)	[eskon'der]
escrever (vt)	escribir (vt)	[eskri'βir]
esperar (o autocarro, etc.)	esperar (vt)	[espe'rar]
esperar (ter esperança)	esperar (vi)	[espe'rar]
esquecer (vt)	olvidar (vt)	[olʲβi'ðar]

estar (vi)	estar (vi)	[es'tar]
estudar (vt)	estudiar (vt)	[estu'ðjar]
exigir (vt)	exigir (vt)	[eksi'xir]
existir (vi)	existir (vi)	[eksis'tir]

explicar (vt)	explicar (vt)	[ekspli'kar]
falar (vi)	hablar (vi, vt)	[a'βʎar]
faltar (clases, etc.)	faltar a ...	[faʎ'tar a]
fazer (vt)	hacer (vt)	[a'θer]
ficar em silêncio	callarse (vr)	[ka'jarse]
gabar-se, jactar-se (vr)	jactarse, alabarse (vr)	[xas'tarse], [alʲa'βarse]

gostar (apreciar)	gustar (vi)	[gus'tar]
gritar (vi)	gritar (vi)	[gri'tar]
guardar (cartas, etc.)	guardar (vt)	[guar'ðar]
informar (vt)	informar (vt)	[iɱfor'mar]
insistir (vi)	insistir (vi)	[insis'tir]

insultar (vt)	insultar (vt)	[insulʲ'tar]
interessar-se (vr)	interesarse (vr)	[intere'sarse]
ir (a pé)	ir (vi)	[ir]
ir nadar	bañarse (vr)	[ba'njarse]
jantar (vi)	cenar (vi)	[θe'nar]

12. Os verbos mais importantes. Parte 3

ler (vt)	leer (vi, vt)	[le'er]
libertar (cidade, etc.)	liberar (vt)	[liβe'rar]
matar (vt)	matar (vt)	[ma'tar]
mencionar (vt)	mencionar (vt)	[menθjo'nar]
mostrar (vt)	mostrar (vt)	[mos'trar]

mudar (modificar)	cambiar (vt)	[kam'bjar]
nadar (vi)	nadar (vi)	[na'ðar]
negar-se a ...	negarse (vr)	[ne'garse]
objetar (vt)	objetar (vt)	[oβxe'tar]

observar (vt)	observar (vt)	[oβser'βar]
ordenar (mil.)	ordenar (vt)	[orðe'nar]
ouvir (vt)	oír (vt)	[o'ir]
pagar (vt)	pagar (vi, vt)	[pa'gar]
parar (vi)	pararse (vr)	[pa'rarse]

participar (vi)	participar (vi)	[partiθi'par]
pedir (comida)	pedir (vt)	[pe'ðir]
pedir (um favor, etc.)	pedir (vt)	[pe'ðir]
pegar (tomar)	tomar (vt)	[to'mar]
pensar (vt)	pensar (vi, vt)	[pen'sar]

perceber (ver)	percibir (vt)	[perθi'βir]
perdoar (vt)	perdonar (vt)	[perðo'nar]
perguntar (vt)	preguntar (vt)	[pregun'tar]
permitir (vt)	permitir (vt)	[permi'tir]
pertencer a ...	pertenecer a ...	[pertene'θer a]

planear (vt)	planear (vt)	[plʲane'ar]
poder (vi)	poder (v aux)	[po'ðer]
possuir (vt)	poseer (vt)	[pose'er]
preferir (vt)	preferir (vt)	[prefe'rir]
preparar (vt)	preparar (vt)	[prepa'rar]
prever (vt)	prever (vt)	[pre'βer]
prometer (vt)	prometer (vt)	[prome'ter]
pronunciar (vt)	pronunciar (vt)	[pronun'θjar]
propor (vt)	proponer (vt)	[propo'ner]
punir (castigar)	punir, castigar (vt)	[pu'nir], [kasti'gar]

13. Os verbos mais importantes. Parte 4

quebrar (vt)	quebrar (vt)	[ke'βrar]
queixar-se (vr)	quejarse (vr)	[ke'χarse]
querer (desejar)	querer (vt)	[ke'rer]
recomendar (vt)	recomendar (vt)	[rekomen'dar]
repetir (dizer outra vez)	repetir (vt)	[repe'tir]
repreender (vt)	regañar, reprender (vt)	[rega'njar], [repren'der]
reservar (~ um quarto)	reservar (vt)	[reser'βar]
responder (vt)	responder (vi, vt)	[respon'der]
rezar, orar (vi)	orar (vi)	[o'rar]
rir (vi)	reírse (vr)	[re'irse]
saber (vt)	saber (vt)	[sa'βer]
sair (~ de casa)	salir (vi)	[sa'lir]
salvar (vt)	salvar (vt)	[salʲ'βar]
seguir ...	seguir ...	[se'gir]
sentar-se (vr)	sentarse (vr)	[sen'tarse]
ser (vi)	ser (vi)	[ser]
ser necessário	ser necesario	[ser neθe'sario]
ser, estar	ser, estar (vi)	[ser], [es'tar]
significar (vt)	significar (vt)	[siɣnifi'kar]
sorrir (vi)	sonreír (vi)	[sonre'ir]
subestimar (vt)	subestimar (vt)	[suβesti'mar]
surpreender-se (vr)	sorprenderse (vr)	[sorpren'derse]
tentar (vt)	probar, tentar (vt)	[pro'βar], [ten'tar]
ter (vt)	tener (vt)	[te'ner]
ter fome	tener hambre	[te'ner 'ambre]
ter medo	tener miedo	[te'ner 'mjeðo]
ter sede	tener sed	[te'ner 'seð]
tocar (com as mãos)	tocar (vt)	[to'kar]
tomar o pequeno-almoço	desayunar (vi)	[desaju'nar]
trabalhar (vi)	trabajar (vi)	[traβa'χar]
traduzir (vt)	traducir (vt)	[traðu'θir]
unir (vt)	unir (vt)	[u'nir]
vender (vt)	vender (vt)	[ben'der]
ver (vt)	ver (vt)	[ber]

| virar (ex. ~ à direita) | girar (vi) | [xi'rar] |
| voar (vi) | volar (vi) | [bo'lʲar] |

14. Cores

cor (f)	color (m)	[ko'lʲor]
matiz (m)	matiz (m)	[ma'tiθ]
tom (m)	tono (m)	['tono]
arco-íris (m)	arco (m) iris	['arko 'iris]

branco	blanco (adj)	['blʲaŋko]
preto	negro (adj)	['neɣro]
cinzento	gris (adj)	['gris]

verde	verde (adj)	['berðe]
amarelo	amarillo (adj)	[ama'rijo]
vermelho	rojo (adj)	['roχo]

azul	azul (adj)	[a'θulʲ]
azul claro	azul claro (adj)	[a'θulʲ 'klʲaro]
rosa	rosa (adj)	['rosa]
laranja	naranja (adj)	[na'ranχa]
violeta	violeta (adj)	[bio'leta]
castanho	marrón (adj)	[ma'ron]

| dourado | dorado (adj) | [do'raðo] |
| prateado | argentado (adj) | [arχen'taðo] |

bege	beige (adj)	['bejʒ]
creme	crema (adj)	['krema]
turquesa	turquesa (adj)	[tur'kesa]
vermelho cereja	rojo cereza (adj)	['roχo θe'reθa]
lilás	lila (adj)	['lilʲa]
carmesim	carmesí (adj)	[karme'si]

claro	claro (adj)	['klʲaro]
escuro	oscuro (adj)	[os'kuro]
vivo	vivo (adj)	['biβo]

de cor	de color (adj)	[de ko'lʲor]
a cores	en colores (adj)	[en ko'lʲores]
preto e branco	blanco y negro (adj)	['blʲaŋko i 'neɣro]
unicolor	unicolor (adj)	[uniko'lʲor]
multicor	multicolor (adj)	[mulʲtiko'lʲor]

15. Questões

Quem?	¿Quién?	['kjen]
Que?	¿Qué?	[ke]
Onde?	¿Dónde?	['donde]
Para onde?	¿Adónde?	[a'ðonde]
De onde?	¿De dónde?	[de 'donde]

Quando?	¿Cuándo?	[ku'ando]
Para quê?	¿Para qué?	[para 'ke]
Porquê?	¿Por qué?	[por 'ke]
Para quê?	¿Por qué razón?	[por ke ra'θon]
Como?	¿Cómo?	['komo]
Qual?	¿Qué?	[ke]
Qual? (entre dois ou mais)	¿Cuál?	[kuʼalʲ]
A quem?	¿A quién?	[a 'kjen]
Sobre quem?	¿De quién?	[de 'kjen]
Do quê?	¿De qué?	[de 'ke]
Com quem?	¿Con quién?	[kon 'kjen]
Quanto, -os, -as?	¿Cuánto?	[ku'anto]
De quem? (masc.)	¿De quién?	[de 'kjen]

16. Preposições

com (prep.)	con ...	[kon]
sem (prep.)	sin	[sin]
a, para (exprime lugar)	a ...	[a]
sobre (ex. falar ~)	de ..., sobre ...	[de], ['soβre]
antes de ...	antes de ...	['antes de]
diante de ...	delante de ...	[de'lʲante de]
sob (debaixo de)	debajo	[de'βaxo]
sobre (em cima de)	sobre ..., encima de ...	['soβre], [en'θima de]
sobre (~ a mesa)	en ..., sobre ...	[en], ['soβre]
de (vir ~ Lisboa)	de ...	[de]
de (feito ~ pedra)	de ...	[de]
dentro de (~ dez minutos)	dentro de ...	['dentro de]
por cima de ...	encima de ...	[en'θima de]

17. Palavras funcionais. Advérbios. Parte 1

Onde?	¿Dónde?	['donde]
aqui	aquí (adv)	[a'ki]
lá, ali	allí (adv)	[a'ji]
em algum lugar	en alguna parte	[en alʲ'guna 'parte]
em lugar nenhum	en ninguna parte	[en nin'guna 'parte]
ao pé de ...	junto a ...	['xunto a]
ao pé da janela	junto a la ventana	['xunto a lʲa ben'tana]
Para onde?	¿Adónde?	[a'ðonde]
para cá	aquí (adv)	[a'ki]
para lá	allí (adv)	[a'ji]
daqui	de aquí (adv)	[de a'ki]
de lá, dali	de allí (adv)	[de a'ji]

| perto | cerca | ['θerka] |
| longe | lejos (adv) | ['leχos] |

perto de ...	cerca de ...	['θerka de]
ao lado de	al lado de ...	[alʲ 'lʲaðo de]
perto, não fica longe	no lejos (adv)	[no 'leχos]

esquerdo	izquierdo (adj)	[iθ'kjerðo]
à esquerda	a la izquierda	[a lʲa iθ'kjerða]
para esquerda	a la izquierda	[a lʲa iθ'kjerða]

direito	derecho (adj)	[de'retʃo]
à direita	a la derecha	[a lʲa de'retʃa]
para direita	a la derecha	[a lʲa de'retʃa]

à frente	delante	[de'lʲante]
da frente	delantero (adj)	[delʲan'tero]
em frente (para a frente)	adelante	[aðe'lʲante]

atrás de ...	detrás de ...	[de'tras de]
por detrás (vir ~)	desde atrás	['desðe a'tras]
para trás	atrás	[a'tras]

| meio (m), metade (f) | centro (m), medio (m) | ['θentro], ['meðio] |
| no meio | en medio (adv) | [en 'meðio] |

de lado	de lado (adv)	[de 'lʲaðo]
em todo lugar	en todas partes	[en 'toðas 'partes]
ao redor (olhar ~)	alrededor (adv)	[alʲreðe'ðor]

de dentro	de dentro (adv)	[de 'dentro]
para algum lugar	a alguna parte	[a alʲ'guna 'parte]
diretamente	todo derecho (adv)	['toðo de'retʃo]
de volta	atrás	[a'tras]

| de algum lugar | de alguna parte | [de alʲ'guna 'parte] |
| de um lugar | de alguna parte | [de alʲ'guna 'parte] |

em primeiro lugar	primero (adv)	[pri'mero]
em segundo lugar	segundo (adv)	[se'gundo]
em terceiro lugar	tercero (adv)	[ter'θero]

de repente	de súbito (adv)	[de 'suβito]
no início	al principio (adv)	[alʲ prin'θipio]
pela primeira vez	por primera vez	[por pri'mera beθ]
muito antes de ...	mucho tiempo antes ...	['mutʃo 'tjempo 'antes]
de novo, novamente	de nuevo (adv)	[de nu'eβo]
para sempre	para siempre (adv)	['para 'sjempre]

nunca	nunca (adv)	['nuŋka]
de novo	de nuevo (adv)	[de nu'eβo]
agora	ahora (adv)	[a'ora]
frequentemente	frecuentemente (adv)	[frekuente'mente]
então	entonces (adv)	[en'tonθes]
urgentemente	urgentemente	[urχente'mente]
usualmente	usualmente (adv)	[usualʲ'mente]

a propósito, ...	a propósito, ...	[a pro'posito]
é possível	es probable	[es pro'βaβle]
provavelmente	probablemente	[proβaβle'mente]
talvez	tal vez	[talʲ beθ]
além disso, ...	además ...	[aðe'mas]
por isso ...	por eso ...	[por 'eso]
apesar de ...	a pesar de ...	[a pe'sar de]
graças a ...	gracias a ...	['graθias a]

que (pron.)	qué	[ke]
que (conj.)	que	[ke]
algo	algo	['alʲgo]
alguma coisa	algo	['alʲgo]
nada	nada (f)	['naða]

quem	quien	[kjen]
alguém (~ teve uma ideia ...)	alguien	['alʲgjen]
alguém	alguien	['alʲgjen]

ninguém	nadie	['naðje]
para lugar nenhum	a ninguna parte	[a nin'guna 'parte]
de ninguém	de nadie	[de 'naðje]
de alguém	de alguien	[de 'alʲgjen]

tão	tan, tanto (adv)	[tan], ['tanto]
também (gostaria ~ de ...)	también	[tam'bjen]
também (~ eu)	también	[tam'bjen]

18. Palavras funcionais. Advérbios. Parte 2

Porquê?	¿Por qué?	[por 'ke]
por alguma razão	por alguna razón	[por alʲ'guna ra'θon]
porque ...	porque ...	['porke]
por qualquer razão	por cualquier razón (adv)	[por kualʲ"kjer ra'θon]

e (tu ~ eu)	y	[i]
ou (ser ~ não ser)	o	[o]
mas (porém)	pero	['pero]
para (~ a minha mãe)	para	['para]

demasiado, muito	demasiado (adv)	[dema'sjaðo]
só, somente	sólo, solamente (adv)	['solʲo], [solʲa'mente]
exatamente	exactamente (adv)	[eksakta'mente]
cerca de (~ 10 kg)	cerca de ...	['θerka de]

aproximadamente	aproximadamente	[aproksimaða'mente]
aproximado	aproximado (adj)	[aproksi'maðo]
quase	casi (adv)	['kasi]
resto (m)	resto (m)	['resto]

o outro (segundo)	el otro (adj)	[elʲ 'otro]
outro	otro (adj)	['otro]
cada	cada (adj)	['kaða]
qualquer	cualquier (adj)	[kualʲ"kjer]

muito	**mucho** (adv)	['mutʃo]
muitas pessoas	**mucha gente**	['mutʃa 'xente]
todos	**todos**	['toðos]
em troca de ...	**a cambio de ...**	[a 'kambjo de]
em troca	**en cambio** (adv)	[en 'kambio]
à mão	**a mano**	[a 'mano]
pouco provável	**poco probable**	['poko pro'βaβle]
provavelmente	**probablemente**	[proβaβle'mente]
de propósito	**a propósito** (adv)	[a pro'posito]
por acidente	**por accidente** (adv)	[por akθi'ðente]
muito	**muy** (adv)	['muj]
por exemplo	**por ejemplo** (adv)	[por e'xemplʲo]
entre	**entre**	['entre]
entre (no meio de)	**entre**	['entre]
tanto	**tanto**	['tanto]
especialmente	**especialmente** (adv)	[espeθjalʲ'mente]

Conceitos básicos. Parte 2

19. Dias da semana

segunda-feira (f)	lunes (m)	['lʲunes]
terça-feira (f)	martes (m)	['martes]
quarta-feira (f)	miércoles (m)	['mjerkoles]
quinta-feira (f)	jueves (m)	[ҳu'eβes]
sexta-feira (f)	viernes (m)	['bjernes]
sábado (m)	sábado (m)	['saβaðo]
domingo (m)	domingo (m)	[do'mingo]

hoje	hoy (adv)	[oj]
amanhã	mañana (adv)	[ma'njana]
depois de amanhã	pasado mañana	[pa'saðo ma'njana]
ontem	ayer (adv)	[a'jer]
anteontem	anteayer (adv)	[ante·a'jer]

dia (m)	día (m)	['dia]
dia (m) de trabalho	día (m) de trabajo	['dia de tra'βaҳo]
feriado (m)	día (m) de fiesta	['dia de 'fjesta]
dia (m) de folga	día (m) de descanso	['dia de des'kanso]
fim (m) de semana	fin (m) de semana	['fin de se'mana]

o dia todo	todo el día	['toðo elʲ 'dia]
no dia seguinte	al día siguiente	[alʲ 'dia si'gjente]
há dois dias	dos días atrás	[dos 'dias a'tras]
na véspera	en vísperas (adv)	[en 'bisperas]
diário	diario (adj)	['djario]
todos os dias	cada día (adv)	['kaða 'dia]

semana (f)	semana (f)	[se'mana]
na semana passada	semana (f) pasada	[se'mana pa'saða]
na próxima semana	semana (f) que viene	[se'mana ke 'bjene]
semanal	semanal (adj)	[sema'nalʲ]
cada semana	cada semana (adv)	['kaða se'mana]
duas vezes por semana	dos veces por semana	[dos 'beθes por se'mana]
cada terça-feira	todos los martes	['toðos los 'martes]

20. Horas. Dia e noite

manhã (f)	mañana (f)	[ma'njana]
de manhã	por la mañana	[por lʲa ma'njana]
meio-dia (m)	mediodía (m)	['meðjo'ðia]
à tarde	por la tarde	[por lʲa 'tarðe]

noite (f)	noche (f)	['notʃe]
à noite (noitinha)	por la noche	[por lʲa 'notʃe]

noite (f)	noche (f)	['notʃe]
à noite	por la noche	[por lʲa 'notʃe]
meia-noite (f)	medianoche (f)	['meðia'notʃe]

segundo (m)	segundo (m)	[se'gundo]
minuto (m)	minuto (m)	[mi'nuto]
hora (f)	hora (f)	['ora]
meia hora (f)	media hora (f)	['meðia 'ora]
quarto (m) de hora	cuarto (m) de hora	[ku'arto de 'ora]
quinze minutos	quince minutos	['kinθe mi'nutos]
vinte e quatro horas	veinticuatro horas	['bejti·ku'atro 'oras]

nascer (m) do sol	salida (f) del sol	[sa'liða delʲ 'solʲ]
amanhecer (m)	amanecer (m)	[amane'θer]
madrugada (f)	madrugada (f)	[maðru'gaða]
pôr do sol (m)	puesta (f) del sol	[pu'esta delʲ 'solʲ]

de madrugada	de madrugada	[de maðru'gaða]
hoje de manhã	esta mañana	['esta ma'njana]
amanhã de manhã	mañana por la mañana	[ma'njana por lʲa ma'njana]

hoje à tarde	esta tarde	['esta 'tarðe]
à tarde	por la tarde	[por lʲa 'tarðe]
amanhã à tarde	mañana por la tarde	[ma'njana por lʲa 'tarðe]

hoje à noite	esta noche	['esta 'notʃe]
amanhã à noite	mañana por la noche	[ma'njana por lʲa 'notʃe]

às três horas em ponto	a las tres en punto	[a lʲas 'tres en 'punto]
por volta das quatro	a eso de las cuatro	[a 'eso de lʲas ku'atro]
às doze	para las doce	['para lʲas 'doθe]

dentro de vinte minutos	dentro de veinte minutos	['dentro de 'bejnte mi'nutos]
dentro duma hora	dentro de una hora	['dentro de 'una 'ora]
a tempo	a tiempo (adv)	[a 'tjempo]

menos um quarto	… menos cuarto	['menos ku'arto]
durante uma hora	durante una hora	[du'rante 'una 'ora]
a cada quinze minutos	cada quince minutos	['kaða 'kinθe mi'nutos]
as vinte e quatro horas	día y noche	['dia i 'notʃe]

21. Meses. Estações

janeiro (m)	enero (m)	[e'nero]
fevereiro (m)	febrero (m)	[fe'βrero]
março (m)	marzo (m)	['marθo]
abril (m)	abril (m)	[a'βrilʲ]
maio (m)	mayo (m)	['majo]
junho (m)	junio (m)	['χunio]

julho (m)	julio (m)	['χulio]
agosto (m)	agosto (m)	[a'gosto]
setembro (m)	septiembre (m)	[sep'tjembre]
outubro (m)	octubre (m)	[ok'tuβre]

novembro (m)	noviembre (m)	[no'βjembre]
dezembro (m)	diciembre (m)	[di'θjembre]
primavera (f)	primavera (f)	[prima'βera]
na primavera	en primavera	[en prima'βera]
primaveril	de primavera (adj)	[de prima'βera]
verão (m)	verano (m)	[be'rano]
no verão	en verano	[em be'rano]
de verão	de verano (adj)	[de be'rano]
outono (m)	otoño (m)	[o'tonjo]
no outono	en otoño	[en o'tonjo]
outonal	de otoño (adj)	[de o'tonjo]
inverno (m)	invierno (m)	[im'bjerno]
no inverno	en invierno	[en im'bjerno]
de inverno	de invierno (adj)	[de im'bjerno]
mês (m)	mes (m)	[mes]
este mês	este mes	['este 'mes]
no próximo mês	al mes siguiente	[alʲ 'mes si'gjente]
no mês passado	el mes pasado	[elʲ 'mes pa'saðo]
há um mês	hace un mes	['aθe un 'mes]
dentro de um mês	dentro de un mes	['dentro de un mes]
dentro de dois meses	dentro de dos meses	['dentro de dos 'meses]
todo o mês	todo el mes	['toðo elʲ 'mes]
um mês inteiro	todo un mes	['toðo un 'mes]
mensal	mensual (adj)	[mensu'alʲ]
mensalmente	mensualmente (adv)	[mensualʲ'mente]
cada mês	cada mes	['kaða 'mes]
duas vezes por mês	dos veces por mes	[dos 'beθes por 'mes]
ano (m)	año (m)	['anjo]
este ano	este año	['este 'anjo]
no próximo ano	el próximo año	[elʲ 'proksimo 'anjo]
no ano passado	el año pasado	[elʲ 'anjo pa'saðo]
há um ano	hace un año	['aθe un 'anjo]
dentro dum ano	dentro de un año	['dentro de un 'anjo]
dentro de 2 anos	dentro de dos años	['dentro de dos 'anjos]
todo o ano	todo el año	['toðo elʲ 'anjo]
um ano inteiro	todo un año	['toðo un 'anjo]
cada ano	cada año	['kaða 'anjo]
anual	anual (adj)	[anu'alʲ]
anualmente	anualmente (adv)	[anualʲ'mente]
quatro vezes por ano	cuatro veces por año	[ku'atro 'beθes por 'anjo]
data (~ de hoje)	fecha (f)	['fetʃa]
data (ex. ~ de nascimento)	fecha (f)	['fetʃa]
calendário (m)	calendario (m)	[kalen'dario]
meio ano	medio año (m)	['meðjo 'anjo]
seis meses	seis meses	['sejs 'meses]

estação (f)	estación (f)	[esta'θjon]
século (m)	siglo (m)	['siɣlʲo]

22. Unidades de medida

peso (m)	peso (m)	['peso]
comprimento (m)	longitud (f)	[lʲonxi'tuð]
largura (f)	anchura (f)	[an'tʃura]
altura (f)	altura (f)	[alʲ'tura]
profundidade (f)	profundidad (f)	[profundi'ðað]
volume (m)	volumen (m)	[bo'lʲumen]
área (f)	área (f)	['area]
grama (m)	gramo (m)	['gramo]
miligrama (m)	miligramo (m)	[mili'ɣramo]
quilograma (m)	kilogramo (m)	[kilʲo'ɣramo]
tonelada (f)	tonelada (f)	[tone'lʲaða]
libra (453,6 gramas)	libra (f)	['liβra]
onça (f)	onza (f)	['onθa]
metro (m)	metro (m)	['metro]
milímetro (m)	milímetro (m)	[mi'limetro]
centímetro (m)	centímetro (m)	[θen'timetro]
quilómetro (m)	kilómetro (m)	[ki'lʲometro]
milha (f)	milla (f)	['mija]
polegada (f)	pulgada (f)	[pulʲ'gaða]
pé (304,74 mm)	pie (m)	[pje]
jarda (914,383 mm)	yarda (f)	['jarða]
metro (m) quadrado	metro (m) cuadrado	['metro kua'ðraðo]
hectare (m)	hectárea (f)	[ek'tarea]
litro (m)	litro (m)	['litro]
grau (m)	grado (m)	['graðo]
volt (m)	voltio (m)	['bolʲtio]
ampere (m)	amperio (m)	[am'perio]
cavalo-vapor (m)	caballo (m) de fuerza	[ka'βajo de fu'erθa]
quantidade (f)	cantidad (f)	[kanti'ðað]
um pouco de ...	un poco de ...	[un 'poko de]
metade (f)	mitad (f)	[mi'tað]
dúzia (f)	docena (f)	[do'θena]
peça (f)	pieza (f)	['pjeθa]
dimensão (f)	dimensión (f)	[dimen'sjon]
escala (f)	escala (f)	[es'kalʲa]
mínimo	mínimo (adj)	['minimo]
menor, mais pequeno	el más pequeño (adj)	[elʲ mas pe'kenjo]
médio	medio (adj)	['meðio]
máximo	máximo (adj)	['maksimo]
maior, mais grande	el más grande (adj)	[elʲ 'mas 'grande]

23. Recipientes

boião (m) de vidro	tarro (m) de vidrio	['taro de 'biðrio]
lata (~ de cerveja)	lata (f)	['lʲata]
balde (m)	cubo (m)	['kuβo]
barril (m)	barril (m)	[ba'rilʲ]
bacia (~ de plástico)	palangana (f)	[palʲan'gana]
tanque (m)	tanque (m)	['taŋke]
cantil (m) de bolso	petaca (f)	[pe'taka]
bidão (m) de gasolina	bidón (m) de gasolina	[bi'ðon de gaso'lina]
cisterna (f)	cisterna (f)	[θis'terna]
caneca (f)	taza (f)	['taθa]
chávena (f)	taza (f)	['taθa]
pires (m)	platillo (m)	[plʲa'tijo]
copo (m)	vaso (m)	['baso]
taça (f) de vinho	copa (f) de vino	['kopa de 'bino]
panela, caçarola (f)	olla (f)	['oja]
garrafa (f)	botella (f)	[bo'teja]
gargalo (m)	cuello (m) de botella	[ku'ejo de bo'teja]
jarro, garrafa (f)	garrafa (f)	[ga'rafa]
jarro (m) de barro	jarro (m)	['χaro]
recipiente (m)	recipiente (m)	[reθi'pjente]
pote (m)	tarro (m)	['taro]
vaso (m)	florero (m)	[flʲo'rero]
frasco (~ de perfume)	frasco (m)	['frasko]
frasquinho (ex. ~ de iodo)	frasquito (m)	[fras'kito]
tubo (~ de pasta dentífrica)	tubo (m)	['tuβo]
saca (ex. ~ de açúcar)	saco (m)	['sako]
saco (~ de plástico)	bolsa (f)	['bolʲsa]
maço (m)	paquete (m)	[pa'kete]
caixa (~ de sapatos, etc.)	caja (f)	['kaχa]
caixa (~ de madeira)	cajón (m)	[ka'χon]
cesta (f)	cesta (f)	['θesta]

O SER HUMANO

O ser humano. O corpo

24. Cabeça

cabeça (f)	cabeza (f)	[ka'βeθa]
cara (f)	cara (f)	['kara]
nariz (m)	nariz (f)	[na'riθ]
boca (f)	boca (f)	['boka]

olho (m)	ojo (m)	['oχo]
olhos (m pl)	ojos (m pl)	['oχos]
pupila (f)	pupila (f)	[pu'pilʲa]
sobrancelha (f)	ceja (f)	['θeχa]
pestana (f)	pestaña (f)	[pes'tanja]
pálpebra (f)	párpado (m)	['parpaðo]

língua (f)	lengua (f)	['lengua]
dente (m)	diente (m)	['djente]
lábios (m pl)	labios (m pl)	['lʲaβjos]
maçãs (f pl) do rosto	pómulos (m pl)	['pomulʲos]
gengiva (f)	encía (f)	[en'θia]
palato (m)	paladar (m)	[palʲa'ðar]

narinas (f pl)	ventanas (f pl)	[ben'tanas]
queixo (m)	mentón (m)	[men'ton]
mandíbula (f)	mandíbula (f)	[man'diβulʲa]
bochecha (f)	mejilla (f)	[me'χija]

testa (f)	frente (f)	['frente]
têmpora (f)	sien (f)	[θjen]
orelha (f)	oreja (f)	[o'reχa]
nuca (f)	nuca (f)	['nuka]
pescoço (m)	cuello (m)	[ku'ejo]
garganta (f)	garganta (f)	[gar'ganta]

cabelos (m pl)	pelo, cabello (m)	['pelʲo], [ka'βejo]
penteado (m)	peinado (m)	[pej'naðo]
corte (m) de cabelo	corte (m) de pelo	['korte de 'pelʲo]
peruca (f)	peluca (f)	[pe'lʲuka]

bigode (m)	bigote (m)	[bi'gote]
barba (f)	barba (f)	['barβa]
usar, ter (~ barba, etc.)	tener (vt)	[te'ner]
trança (f)	trenza (f)	['trenθa]
suíças (f pl)	patillas (f pl)	[pa'tijas]
ruivo	pelirrojo (adj)	[peli'roχo]
grisalho	gris, canoso (adj)	[gris], [ka'noso]

calvo	calvo (adj)	['kalʲβo]
calva (f)	calva (f)	['kalʲβa]
rabo-de-cavalo (m)	cola (f) de caballo	['kolʲa de ka'βajo]
franja (f)	flequillo (m)	[fle'kijo]

25. Corpo humano

mão (f)	mano (f)	['mano]
braço (m)	brazo (m)	['braθo]
dedo (m)	dedo (m)	['deðo]
dedo (m) do pé	dedo (m) del pie	['deðo delʲ pje]
polegar (m)	dedo (m) pulgar	['deðo pulʲ'gar]
dedo (m) mindinho	dedo (m) meñique	['deðo me'njike]
unha (f)	uña (f)	['unja]
punho (m)	puño (m)	['punjo]
palma (f) da mão	palma (f)	['palʲma]
pulso (m)	muñeca (f)	[mu'njeka]
antebraço (m)	antebrazo (m)	[ante·'βraθo]
cotovelo (m)	codo (m)	['koðo]
ombro (m)	hombro (m)	['ombro]
perna (f)	pierna (f)	['pjerna]
pé (m)	planta (f)	['plʲanta]
joelho (m)	rodilla (f)	[ro'ðija]
barriga (f) da perna	pantorrilla (f)	[panto'rija]
anca (f)	cadera (f)	[ka'ðera]
calcanhar (m)	talón (m)	[ta'lʲon]
corpo (m)	cuerpo (m)	[ku'erpo]
barriga (f)	vientre (m)	['bjentre]
peito (m)	pecho (m)	['petʃo]
seio (m)	seno (m)	['seno]
lado (m)	lado (m), costado (m)	['lʲaðo], [kos'taðo]
costas (f pl)	espalda (f)	[es'palʲda]
região (f) lombar	zona (f) lumbar	['θona lʲum'bar]
cintura (f)	cintura (f), talle (m)	[θin'tura], ['taje]
umbigo (m)	ombligo (m)	[om'bligo]
nádegas (f pl)	nalgas (f pl)	['nalʲgas]
traseiro (m)	trasero (m)	[tra'sero]
sinal (m)	lunar (m)	[lʲu'nar]
sinal (m) de nascença	marca (f) de nacimiento	['marka de naθi'mjento]
tatuagem (f)	tatuaje (m)	[tatu'axe]
cicatriz (f)	cicatriz (f)	[sika'triθ]

Vestuário & Acessórios

26. Roupa exterior. Casacos

roupa (f)	ropa (f)	['ropa]
roupa (f) exterior	ropa (f) de calle	['ropa de 'kaje]
roupa (f) de inverno	ropa (f) de invierno	['ropa de im'bjerno]
sobretudo (m)	abrigo (m)	[a'βrigo]
casaco (m) de peles	abrigo (m) de piel	[a'βrigo de pjelʲ]
casaco curto (m) de peles	abrigo (m) corto de piel	[a'βrigo 'korto de pjelʲ]
casaco (m) acolchoado	chaqueta (f) plumón	[ʧa'keta plʲu'mon]
casaco, blusão (m)	cazadora (f)	[kaθa'ðora]
impermeável (m)	impermeable (m)	[imperme'aβle]
impermeável	impermeable (adj)	[imperme'aβle]

27. Vestuário de homem & mulher

camisa (f)	camisa (f)	[ka'misa]
calças (f pl)	pantalones (m pl)	[panta'lʲones]
calças (f pl) de ganga	vaqueros (m pl)	[ba'keros]
casaco (m) de fato	chaqueta (f), saco (m)	[ʧa'keta], ['sako]
fato (m)	traje (m)	['traχe]
vestido (ex. ~ vermelho)	vestido (m)	[bes'tiðo]
saia (f)	falda (f)	['falʲda]
blusa (f)	blusa (f)	['blʲusa]
casaco (m) de malha	rebeca (f), chaqueta (f) de punto	[re'βeka], [ʧa'keta de 'punto]
casaco, blazer (m)	chaqueta (f)	[ʧa'keta]
T-shirt, camiseta (f)	camiseta (f)	[kami'seta]
calções (Bermudas, etc.)	pantalones (m pl) cortos	[panta'lʲones 'kortos]
fato (m) de treino	traje (m) deportivo	['traχe depor'tiβo]
roupão (m) de banho	bata (f) de baño	['bata de 'banjo]
pijama (m)	pijama (m)	[pi'χama]
suéter (m)	suéter (m)	[su'eter]
pulôver (m)	pulóver (m)	[pu'lʲoβer]
colete (m)	chaleco (m)	[ʧa'leko]
fraque (m)	frac (m)	[frak]
smoking (m)	esmoquin (m)	[es'mokin]
uniforme (m)	uniforme (m)	[uni'forme]
roupa (f) de trabalho	ropa (f) de trabajo	['ropa de tra'βaχo]
fato-macaco (m)	mono (m)	['mono]
bata (~ branca, etc.)	bata (f)	['bata]

28. Vestuário. Roupa interior

roupa (f) interior	ropa (f) interior	['ropa inte'rjor]
cuecas boxer (f pl)	bóxer (m)	['bokser]
cuecas (f pl)	bragas (f pl)	['bragas]
camisola (f) interior	camiseta (f) interior	[kami'θeta inte'rjor]
peúgas (f pl)	calcetines (m pl)	[kalʲθe'tines]
camisa (f) de noite	camisón (m)	[kami'son]
sutiã (m)	sostén (m)	[sos'ten]
meias longas (f pl)	calcetines (m pl) altos	[kalʲθe'tines 'alʲtos]
meia-calça (f)	pantimedias (f pl)	[panti'meðias]
meias (f pl)	medias (f pl)	['meðias]
fato (m) de banho	traje (m) de baño	['traxe de 'banjo]

29. Adereços de cabeça

chapéu (m)	gorro (m)	['goro]
chapéu (m) de feltro	sombrero (m)	[som'brero]
boné (m) de beisebol	gorra (f) de béisbol	['gora de 'bejsβolʲ]
boné (m)	gorra (f) plana	['gora 'plʲana]
boina (f)	boina (f)	['bojna]
capuz (m)	capuchón (m)	[kapu'tʃon]
panamá (m)	panamá (m)	[pana'ma]
gorro (m) de malha	gorro (m) de punto	['goro de 'punto]
lenço (m)	pañuelo (m)	[panju'elʲo]
chapéu (m) de mulher	sombrero (m) de mujer	[som'brero de mu'χer]
capacete (m) de proteção	casco (m)	['kasko]
bibico (m)	gorro (m) de campaña	['goro de kam'panja]
capacete (m)	casco (m)	['kasko]
chapéu-coco (m)	bombín (m)	[bom'bin]
chapéu (m) alto	sombrero (m) de copa	[som'brero de 'kopa]

30. Calçado

calçado (m)	calzado (m)	[kalʲ'θaðo]
botinas (f pl)	botas (f pl)	['botas]
sapatos (de salto alto, etc.)	zapatos (m pl)	[θa'patos]
botas (f pl)	botas (f pl)	['botas]
pantufas (f pl)	zapatillas (f pl)	[θapa'tijas]
ténis (m pl)	tenis (m pl)	['tenis]
sapatilhas (f pl)	zapatillas (f pl) de lona	[θapa'tijas de 'lʲona]
sandálias (f pl)	sandalias (f pl)	[san'daljas]
sapateiro (m)	zapatero (m)	[θapa'tero]
salto (m)	tacón (m)	[ta'kon]

par (m)	par (m)	[par]
atacador (m)	cordón (m)	[kor'ðon]
apertar os atacadores	encordonar (vt)	[eŋkorðo'nar]
calçadeira (f)	calzador (m)	[kalʲθa'ðor]
graxa (f) para calçado	betún (m)	[be'tun]

31. Acessórios pessoais

luvas (f pl)	guantes (m pl)	[gu'antes]
mitenes (f pl)	manoplas (f pl)	[ma'noplʲas]
cachecol (m)	bufanda (f)	[bu'fanda]
óculos (m pl)	gafas (f pl)	['gafas]
armação (f) de óculos	montura (f)	[mon'tura]
guarda-chuva (m)	paraguas (m)	[pa'raguas]
bengala (f)	bastón (m)	[bas'ton]
escova (f) para o cabelo	cepillo (m) de pelo	[θe'pijo de 'pelʲo]
leque (m)	abanico (m)	[aβa'niko]
gravata (f)	corbata (f)	[kor'βata]
gravata-borboleta (f)	pajarita (f)	[paχa'rita]
suspensórios (m pl)	tirantes (m pl)	[ti'rantes]
lenço (m)	moquero (m)	[mo'kero]
pente (m)	peine (m)	['pejne]
travessão (m)	pasador (m) de pelo	[pasa'ðor de 'pelʲo]
gancho (m) de cabelo	horquilla (f)	[or'kija]
fivela (f)	hebilla (f)	[e'βija]
cinto (m)	cinturón (m)	[θintu'ron]
correia (f)	correa (f)	[ko'rea]
mala (f)	bolsa (f)	['bolʲsa]
mala (f) de senhora	bolso (m)	['bolʲso]
mochila (f)	mochila (f)	[mo'tʃilʲa]

32. Vestuário. Diversos

moda (f)	moda (f)	['moða]
na moda	de moda (adj)	[de 'moða]
estilista (m)	diseñador (m) de moda	[disenja'ðor de 'moða]
colarinho (m), gola (f)	cuello (m)	[ku'ejo]
bolso (m)	bolsillo (m)	[bolʲ'sijo]
de bolso	de bolsillo (adj)	[de bolʲ'sijo]
manga (f)	manga (f)	['manga]
alcinha (f)	presilla (f)	[pre'sija]
braguilha (f)	bragueta (f)	[bra'geta]
fecho (m) de correr	cremallera (f)	[krema'jera]
fecho (m), colchete (m)	cierre (m)	['θjere]
botão (m)	botón (m)	[bo'ton]

casa (f) de botão	ojal (m)	[o'χalʲ]
soltar-se (vr)	saltar (vi)	[salʲ'tar]

coser, costurar (vi)	coser (vi, vt)	[ko'ser]
bordar (vt)	bordar (vt)	[bor'ðar]
bordado (m)	bordado (m)	[bor'ðaðo]
agulha (f)	aguja (f)	[a'guχa]
fio (m)	hilo (m)	['ilʲo]
costura (f)	costura (f)	[kos'tura]

sujar-se (vr)	ensuciarse (vr)	[ensu'θjarse]
mancha (f)	mancha (f)	['mantʃa]
engelhar-se (vr)	arrugarse (vr)	[aru'garse]
rasgar (vt)	rasgar (vt)	[ras'gar]
traça (f)	polilla (f)	[po'lija]

33. Cuidados pessoais. Cosméticos

pasta (f) de dentes	**pasta** (f) **de dientes**	['pasta de 'djentes]
escova (f) de dentes	**cepillo** (m) **de dientes**	[θe'pijo de 'djentes]
escovar os dentes	**limpiarse los dientes**	[lim'pjarse los 'djentes]

máquina (f) de barbear	**maquinilla** (f) **de afeitar**	[maki'nija de afej'tar]
creme (m) de barbear	**crema** (f) **de afeitar**	['krema de afej'tar]
barbear-se (vr)	**afeitarse** (vr)	[afej'tarse]

sabonete (m)	**jabón** (m)	[χa'βon]
champô (m)	**champú** (m)	[tʃam'pu]

tesoura (f)	**tijeras** (f pl)	[ti'χeras]
lima (f) de unhas	**lima** (f) **de uñas**	['lima de 'unjas]
corta-unhas (m)	**cortaúñas** (m pl)	[korta·'unjas]
pinça (f)	**pinzas** (f pl)	['pinθas]

cosméticos (m pl)	**cosméticos** (m pl)	[kos'metikos]
máscara (f) facial	**mascarilla** (f)	[maska'rija]
manicura (f)	**manicura** (f)	[mani'kura]
fazer a manicura	**hacer la manicura**	[a'θer lʲa mani'kura]
pedicure (f)	**pedicura** (f)	[peði'kura]

mala (f) de maquilhagem	**bolsa** (f) **de maquillaje**	['bolʲsa de maki'jaχe]
pó (m)	**polvos** (m pl)	['polʲβos]
caixa (f) de pó	**polvera** (f)	[polʲ'βera]
blush (m)	**colorete** (m)	[kolʲo'rete]

perfume (m)	**perfume** (m)	[per'fume]
água (f) de toilette	**agua** (f) **de tocador**	['agua de toka'ðor]
loção (f)	**loción** (f)	[lʲo'θjon]
água-de-colónia (f)	**agua** (f) **de Colonia**	['agua de ko'lʲonia]

sombra (f) de olhos	**sombra** (f) **de ojos**	['sombra de 'oχos]
lápis (m) delineador	**lápiz** (m) **de ojos**	['lʲapiθ de 'oχos]
máscara (f), rímel (m)	**rímel** (m)	['rimelʲ]
batom (m)	**pintalabios** (m)	[pinta·'lʲaβios]

verniz (m) de unhas	esmalte (m) de uñas	[esˈmalʲte de ˈunjas]
laca (f) para cabelos	fijador (m)	[fixaˈðor]
desodorizante (m)	desodorante (m)	[desoðoˈrante]
creme (m)	crema (f)	[ˈkrema]
creme (m) de rosto	crema (f) de belleza	[ˈkrema de beˈjeθa]
creme (m) de mãos	crema (f) de manos	[ˈkrema de ˈmanos]
creme (m) antirrugas	crema (f) antiarrugas	[ˈkrema anti·aˈrugas]
creme (m) de dia	crema (f) de día	[ˈkrema de ˈdia]
creme (m) de noite	crema (f) de noche	[ˈkrema de ˈnotʃe]
de dia	de día (adj)	[de ˈdia]
da noite	de noche (adj)	[de ˈnotʃe]
tampão (m)	tampón (m)	[tamˈpon]
papel (m) higiénico	papel (m) higiénico	[paˈpelʲ iˈxjeniko]
secador (m) elétrico	secador (m) de pelo	[sekaˈðor de ˈpelʲo]

34. Relógios de pulso. Relógios

relógio (m) de pulso	reloj (m)	[reˈlʲox]
mostrador (m)	esfera (f)	[esˈfera]
ponteiro (m)	aguja (f)	[aˈguxa]
bracelete (f) em aço	pulsera (f)	[pulʲˈsera]
bracelete (f) em couro	correa (f)	[koˈrea]
pilha (f)	pila (f)	[ˈpilʲa]
descarregar-se	descargarse (vr)	[deskarˈgarse]
trocar a pilha	cambiar la pila	[kamˈbjar lʲa ˈpilʲa]
estar adiantado	adelantarse (vr)	[aðelʲanˈtarθe]
estar atrasado	retrasarse (vr)	[retraˈsarse]
relógio (m) de parede	reloj (m) de pared	[reˈlʲox de paˈreð]
ampulheta (f)	reloj (m) de arena	[reˈlʲox de aˈrena]
relógio (m) de sol	reloj (m) de sol	[reˈlʲox de ˈsolʲ]
despertador (m)	despertador (m)	[despertaˈðor]
relojoeiro (m)	relojero (m)	[relʲoˈxero]
reparar (vt)	reparar (vt)	[repaˈrar]

Alimentação. Nutrição

35. Comida

carne (f)	carne (f)	['karne]
galinha (f)	gallina (f)	[ga'jina]
frango (m)	pollo (m)	['pojo]
pato (m)	pato (m)	['pato]
ganso (m)	ganso (m)	['ganso]
caça (f)	caza (f) menor	['kaθa me'nor]
peru (m)	pava (f)	['paβa]
carne (f) de porco	carne (f) de cerdo	['karne de 'θerðo]
carne (f) de vitela	carne (f) de ternera	['karne de ter'nera]
carne (f) de carneiro	carne (f) de carnero	['karne de kar'nero]
carne (f) de vaca	carne (f) de vaca	['karne de 'baka]
carne (f) de coelho	conejo (m)	[ko'neχo]
chouriço, salsichão (m)	salchichón (m)	[salʲtʃi'tʃon]
salsicha (f)	salchicha (f)	[salʲ'tʃitʃa]
bacon (m)	beicon (m)	['bejkon]
fiambre (f)	jamón (m)	[χa'mon]
presunto (m)	jamón (m) fresco	[χa'mon 'fresko]
patê (m)	paté (m)	[pa'te]
fígado (m)	hígado (m)	['igaðo]
carne (f) moída	carne (f) picada	['karne pi'kaða]
língua (f)	lengua (f)	['lengua]
ovo (m)	huevo (m)	[u'eβo]
ovos (m pl)	huevos (m pl)	[u'eβos]
clara (f) do ovo	clara (f)	['klʲara]
gema (f) do ovo	yema (f)	['jema]
peixe (m)	pescado (m)	[pes'kaðo]
mariscos (m pl)	mariscos (m pl)	[ma'riskos]
crustáceos (m pl)	crustáceos (m pl)	[krus'taθeos]
caviar (m)	caviar (m)	[ka'βjar]
caranguejo (m)	cangrejo (m) de mar	[kan'greχo de 'mar]
camarão (m)	camarón (m)	[kama'ron]
ostra (f)	ostra (f)	['ostra]
lagosta (f)	langosta (f)	[lʲan'gosta]
polvo (m)	pulpo (m)	['pulʲpo]
lula (f)	calamar (m)	[kalʲa'mar]
esturjão (m)	esturión (m)	[estu'rjon]
salmão (m)	salmón (m)	[salʲ'mon]
halibute (m)	fletán (m)	[fle'tan]
bacalhau (m)	bacalao (m)	[baka'lʲao]

cavala, sarda (f)	caballa (f)	[ka'βaja]
atum (m)	atún (m)	[a'tun]
enguia (f)	anguila (f)	[an'giʎa]
truta (f)	trucha (f)	['trutʃa]
sardinha (f)	sardina (f)	[sar'ðina]
lúcio (m)	lucio (m)	['ʎuθio]
arenque (m)	arenque (m)	[a'reŋke]
pão (m)	pan (m)	[pan]
queijo (m)	queso (m)	['keso]
açúcar (m)	azúcar (m)	[a'θukar]
sal (m)	sal (f)	[saʎ]
arroz (m)	arroz (m)	[a'roθ]
massas (f pl)	macarrones (m pl)	[maka'rones]
talharim (m)	tallarines (m pl)	[taja'rines]
manteiga (f)	mantequilla (f)	[mante'kija]
óleo (m) vegetal	aceite (m) vegetal	[a'θejte beχe'taʎ]
óleo (m) de girassol	aceite (m) de girasol	[a'θejte de χira'soʎ]
margarina (f)	margarina (f)	[marga'rina]
azeitonas (f pl)	olivas, aceitunas (f pl)	[o'liβas], [aθei'tunas]
azeite (m)	aceite (m) de oliva	[a'θejte de o'liβa]
leite (m)	leche (f)	['letʃe]
leite (m) condensado	leche (f) condensada	['letʃe konden'saða]
iogurte (m)	yogur (m)	[jo'gur]
nata (f) azeda	nata (f) agria	['nata 'aɣria]
nata (f) do leite	nata (f) líquida	['nata 'likiða]
maionese (f)	mayonesa (f)	[majo'nesa]
creme (m)	crema (f) de mantequilla	['krema de mante'kija]
grãos (m pl) de cereais	cereales (m pl) integrales	[θere'ales inte'ɣrales]
farinha (f)	harina (f)	[a'rina]
enlatados (m pl)	conservas (f pl)	[kon'serβas]
flocos (m pl) de milho	copos (m pl) de maíz	['kopos de ma'iθ]
mel (m)	miel (f)	[mjeʎ]
doce (m)	confitura (f)	[komfi'tura]
pastilha (f) elástica	chicle (m)	['tʃikle]

36. Bebidas

água (f)	agua (f)	['agua]
água (f) potável	agua (f) potable	['agua po'taβle]
água (f) mineral	agua (f) mineral	['agua mine'raʎ]
sem gás	sin gas	[sin 'gas]
gaseificada	gaseoso (adj)	[gase'oso]
com gás	con gas	[kon 'gas]
gelo (m)	hielo (m)	['jeʎo]

com gelo	con hielo	[kon 'jelʲo]
sem álcool	sin alcohol	[sin alʲko'olʲ]
bebida (f) sem álcool	bebida (f) sin alcohol	[be'βiða sin alʲko'olʲ]
refresco (m)	refresco (m)	[re'fresko]
limonada (f)	limonada (f)	[limo'naða]

bebidas (f pl) alcoólicas	bebidas (f pl) alcohólicas	[be'βiðas alʲko'olikas]
vinho (m)	vino (m)	['bino]
vinho (m) branco	vino (m) blanco	['bino 'blʲaŋko]
vinho (m) tinto	vino (m) tinto	['bino 'tinto]

licor (m)	licor (m)	[li'kor]
champanhe (m)	champaña (f)	[tʃam'panja]
vermute (m)	vermú (m)	[ber'mu]

uísque (m)	whisky (m)	['wiski]
vodka (f)	vodka (m)	['boðka]
gim (m)	ginebra (f)	[χi'neβra]
conhaque (m)	coñac (m)	[ko'njak]
rum (m)	ron (m)	[ron]

café (m)	café (m)	[ka'fe]
café (m) puro	café (m) solo	[ka'fe 'solʲo]
café (m) com leite	café (m) con leche	[ka'fe kon 'letʃe]
cappuccino (m)	capuchino (m)	[kapu'tʃino]
café (m) solúvel	café (m) soluble	[ka'fe so'lʲuβle]

leite (m)	leche (f)	['letʃe]
coquetel (m)	cóctel (m)	['koktelʲ]
batido (m) de leite	batido (m)	[ba'tiðo]

sumo (m)	zumo (m), jugo (m)	['θumo], ['χugo]
sumo (m) de tomate	jugo (m) de tomate	['χugo de to'mate]
sumo (m) de laranja	zumo (m) de naranja	['θumo de na'ranχa]
sumo (m) fresco	zumo (m) fresco	['θumo 'fresko]

cerveja (f)	cerveza (f)	[θer'βeθa]
cerveja (f) clara	cerveza (f) rubia	[θer'βeθa 'ruβia]
cerveja (f) preta	cerveza (f) negra	[θer'βeθa 'neɣra]

chá (m)	té (m)	[te]
chá (m) preto	té (m) negro	['te 'neɣro]
chá (m) verde	té (m) verde	['te 'berðe]

37. Vegetais

legumes (m pl)	legumbres (f pl)	[le'gumbres]
verduras (f pl)	verduras (f pl)	[ber'ðuras]

tomate (m)	tomate (m)	[to'mate]
pepino (m)	pepino (m)	[pe'pino]
cenoura (f)	zanahoria (f)	[θana'oria]
batata (f)	patata (f)	[pa'tata]
cebola (f)	cebolla (f)	[θe'βoja]

alho (m)	ajo (m)	['axo]
couve (f)	col (f)	[kolʲ]
couve-flor (f)	coliflor (f)	[koli'flʲor]
couve-de-bruxelas (f)	col (f) de Bruselas	[kolʲ de bru'selʲas]
brócolos (m pl)	brócoli (m)	['brokoli]
beterraba (f)	remolacha (f)	[remo'lʲatʃa]
beringela (f)	berenjena (f)	[beren'xena]
curgete (f)	calabacín (m)	[kalʲaβa'θin]
abóbora (f)	calabaza (f)	[kalʲa'βaθa]
nabo (m)	nabo (m)	['naβo]
salsa (f)	perejil (m)	[pere'xilʲ]
funcho, endro (m)	eneldo (m)	[e'nelʲdo]
alface (f)	lechuga (f)	[le'tʃuga]
aipo (m)	apio (m)	['apio]
espargo (m)	espárrago (m)	[es'parago]
espinafre (m)	espinaca (f)	[espi'naka]
ervilha (f)	guisante (m)	[gi'sante]
fava (f)	habas (f pl)	['aβas]
milho (m)	maíz (m)	[ma'iθ]
feijão (m)	fréjol (m)	['frexolʲ]
pimentão (m)	pimiento (m) dulce	[pi'mjento 'dulθe]
rabanete (m)	rábano (m)	['raβano]
alcachofra (f)	alcachofa (f)	[alʲka'tʃofa]

38. Frutos. Nozes

fruta (f)	fruto (m)	['fruto]
maçã (f)	manzana (f)	[man'θana]
pera (f)	pera (f)	['pera]
limão (m)	limón (m)	[li'mon]
laranja (f)	naranja (f)	[na'ranxa]
morango (m)	fresa (f)	['fresa]
tangerina (f)	mandarina (f)	[manda'rina]
ameixa (f)	ciruela (f)	[θiru'elʲa]
pêssego (m)	melocotón (m)	[melʲoko'ton]
damasco (m)	albaricoque (m)	[alʲβari'koke]
framboesa (f)	frambuesa (f)	[frambu'esa]
ananás (m)	piña (f)	['pinja]
banana (f)	banana (f)	[ba'nana]
melancia (f)	sandía (f)	[san'dia]
uva (f)	uva (f)	['uβa]
ginja (f)	guinda (f)	['ginda]
cereja (f)	cereza (f)	[θe'reθa]
meloa (f)	melón (m)	[me'lʲon]
toranja (f)	pomelo (m)	[po'melʲo]
abacate (m)	aguacate (m)	[agua'kate]
papaia (f)	papaya (f)	[pa'paja]

manga (f)	mango (m)	['mango]
romã (f)	granada (f)	[gra'naða]
groselha (f) vermelha	grosella (f) roja	[gro'seja 'roxa]
groselha (f) preta	grosella (f) negra	[gro'seja 'neɣra]
groselha (f) espinhosa	grosella (f) espinosa	[gro'seja espi'nosa]
mirtilo (m)	arándano (m)	[a'randano]
amora silvestre (f)	zarzamoras (f pl)	[θarθa'moras]
uvas (f pl) passas	pasas (f pl)	['pasas]
figo (m)	higo (m)	['igo]
tâmara (f)	dátil (m)	['datilʲ]
amendoim (m)	cacahuete (m)	[kakau'ete]
amêndoa (f)	almendra (f)	[alʲ'mendra]
noz (f)	nuez (f)	[nu'eθ]
avelã (f)	avellana (f)	[aβe'jana]
coco (m)	nuez (f) de coco	[nu'eθ de 'koko]
pistáchios (m pl)	pistachos (m pl)	[pis'tatʃos]

39. Pão. Bolaria

pastelaria (f)	pasteles (m pl)	[pas'teles]
pão (m)	pan (m)	[pan]
bolacha (f)	galletas (f pl)	[ga'jetas]
chocolate (m)	chocolate (m)	[tʃoko'lʲate]
de chocolate	de chocolate (adj)	[de tʃoko'lʲate]
rebuçado (m)	caramelo (m)	[kara'melʲo]
bolo (cupcake, etc.)	mini tarta (f)	['mini 'tarta]
bolo (m) de aniversário	tarta (f)	['tarta]
tarte (~ de maçã)	tarta (f)	['tarta]
recheio (m)	relleno (m)	[re'jeno]
doce (m)	confitura (f)	[komfi'tura]
geleia (f) de frutas	mermelada (f)	[merme'lʲaða]
waffle (m)	gofre (m)	['gofre]
gelado (m)	helado (m)	[e'lʲaðo]
pudim (m)	pudin (m)	['puðin]

40. Pratos cozinhados

prato (m)	plato (m)	['plʲato]
cozinha (~ portuguesa)	cocina (f)	[ko'θina]
receita (f)	receta (f)	[re'θeta]
porção (f)	porción (f)	[por'θjon]
salada (f)	ensalada (f)	[ensa'lʲaða]
sopa (f)	sopa (f)	['sopa]
caldo (m)	caldo (m)	['kalʲdo]
sandes (f)	bocadillo (m)	[boka'ðijo]

Português	Espanhol	Pronúncia
ovos (m pl) estrelados	huevos (m pl) fritos	[u'eβos 'fritos]
hambúrguer (m)	hamburguesa (f)	[ambur'gesa]
bife (m)	bistec (m)	[bis'tek]

conduto (m)	guarnición (f)	[guarni'θjon]
espaguete (m)	espagueti (m)	[espa'geti]
puré (m) de batata	puré (m) de patatas	[pu're de pa'tatas]
pizza (f)	pizza (f)	['pitsa]
papa (f)	gachas (f pl)	['gatʃas]
omelete (f)	tortilla (f) francesa	[tor'tija fran'θesa]

cozido em água	cocido en agua (adj)	[ko'θiðo en 'agua]
fumado	ahumado (adj)	[au'maðo]
frito	frito (adj)	['frito]
seco	seco (adj)	['seko]
congelado	congelado (adj)	[konxe'lʲaðo]
em conserva	marinado (adj)	[mari'naðo]

doce (açucarado)	azucarado, dulce (adj)	[aθuka'raðo], ['dulʲθe]
salgado	salado (adj)	[sa'lʲaðo]
frio	frío (adj)	['frio]
quente	caliente (adj)	[ka'ljente]
amargo	amargo (adj)	[a'margo]
gostoso	sabroso (adj)	[sa'βroso]

cozinhar (em água a ferver)	cocer (vt) en agua	[ko'θer en 'agua]
fazer, preparar (vt)	preparar (vt)	[prepa'rar]
fritar (vt)	freír (vt)	[fre'ir]
aquecer (vt)	calentar (vt)	[kalen'tar]

salgar (vt)	salar (vt)	[sa'lʲar]
apimentar (vt)	poner pimienta	[po'ner pi'mjenta]
ralar (vt)	rallar (vt)	[ra'jar]
casca (f)	piel (f)	[pjelʲ]
descascar (vt)	pelar (vt)	[pe'lʲar]

41. Especiarias

sal (m)	sal (f)	[salʲ]
salgado	salado (adj)	[sa'lʲaðo]
salgar (vt)	salar (vt)	[sa'lʲar]

pimenta (f) preta	pimienta (f) negra	[pi'mjenta 'neɣra]
pimenta (f) vermelha	pimienta (f) roja	[pi'mjenta 'roxa]
mostarda (f)	mostaza (f)	[mos'taθa]
raiz-forte (f)	rábano (m) picante	['raβano pi'kante]

condimento (m)	condimento (m)	[kondi'mento]
especiaria (f)	especia (f)	[es'peθia]
molho (m)	salsa (f)	['salʲsa]
vinagre (m)	vinagre (m)	[bi'naɣre]

anis (m)	anís (m)	[a'nis]
manjericão (m)	albahaca (f)	[alʲβa'aka]

cravo (m)	clavo (m)	[ˈklʲaβo]
gengibre (m)	jengibre (m)	[xenˈxiβre]
coentro (m)	cilantro (m)	[θiˈlʲantro]
canela (f)	canela (f)	[kaˈnelʲa]
sésamo (m)	sésamo (m)	[ˈsesamo]
folhas (f pl) de louro	hoja (f) de laurel	[ˈoxa de lʲauˈrelʲ]
páprica (f)	paprika (f)	[papˈrika]
cominho (m)	comino (m)	[koˈmino]
açafrão (m)	azafrán (m)	[aθaˈfran]

42. Refeições

comida (f)	comida (f)	[koˈmiða]
comer (vt)	comer (vi, vt)	[koˈmer]
pequeno-almoço (m)	desayuno (m)	[desaˈjuno]
tomar o pequeno-almoço	desayunar (vi)	[desajuˈnar]
almoço (m)	almuerzo (m)	[alʲmuˈerθo]
almoçar (vi)	almorzar (vi)	[alʲmorˈθar]
jantar (m)	cena (f)	[ˈθena]
jantar (vi)	cenar (vi)	[θeˈnar]
apetite (m)	apetito (m)	[apeˈtito]
Bom apetite!	¡Que aproveche!	[ke aproˈβetʃe]
abrir (~ uma lata, etc.)	abrir (vt)	[aˈβrir]
derramar (vt)	derramar (vt)	[deraˈmar]
derramar-se (vr)	derramarse (vr)	[deraˈmarse]
ferver (vi)	hervir (vi)	[erˈβir]
ferver (vt)	hervir (vt)	[erˈβir]
fervido	hervido (adj)	[erˈβiðo]
arrefecer (vt)	enfriar (vt)	[eɱfriˈar]
arrefecer-se (vr)	enfriarse (vr)	[eɱfriˈarse]
sabor, gosto (m)	sabor (m)	[saˈβor]
gostinho (m)	regusto (m)	[reˈgusto]
fazer dieta	adelgazar (vi)	[aðelʲgaˈθar]
dieta (f)	dieta (f)	[diˈeta]
vitamina (f)	vitamina (f)	[bitaˈmina]
caloria (f)	caloría (f)	[kalʲoˈria]
vegetariano (m)	vegetariano (m)	[bexetaˈrjano]
vegetariano	vegetariano (adj)	[bexetaˈrjano]
gorduras (f pl)	grasas (f pl)	[ˈgrasas]
proteínas (f pl)	proteínas (f pl)	[proteˈinas]
carboidratos (m pl)	carbohidratos (m pl)	[karβoiˈðratos]
fatia (~ de limão, etc.)	loncha (f)	[ˈlʲontʃa]
pedaço (~ de bolo)	pedazo (m)	[peˈðaθo]
migalha (f)	miga (f)	[ˈmiga]

43. Por a mesa

colher (f)	cuchara (f)	[ku'tʃara]
faca (f)	cuchillo (m)	[ku'tʃijo]
garfo (m)	tenedor (m)	[tene'ðor]
chávena (f)	taza (f)	['taθa]
prato (m)	plato (m)	['plʲato]
pires (m)	platillo (m)	[plʲa'tijo]
guardanapo (m)	servilleta (f)	[serβi'jeta]
palito (m)	mondadientes (m)	[monda'ðjentes]

44. Restaurante

restaurante (m)	restaurante (m)	[restau'rante]
café (m)	cafetería (f)	[kafete'ria]
bar (m), cervejaria (f)	bar (m)	[bar]
salão (m) de chá	salón (m) de té	[sa'lʲon de 'te]
empregado (m) de mesa	camarero (m)	[kama'rero]
empregada (f) de mesa	camarera (f)	[kama'rera]
barman (m)	barman (m)	['barman]
ementa (f)	carta (f), menú (m)	['karta], [me'nu]
lista (f) de vinhos	carta (f) de vinos	['karta de 'binos]
reservar uma mesa	reservar una mesa	[reser'βar 'una 'mesa]
prato (m)	plato (m)	['plʲato]
pedir (vt)	pedir (vt)	[pe'ðir]
fazer o pedido	hacer un pedido	[a'θer un pe'ðiðo]
aperitivo (m)	aperitivo (m)	[aperi'tiβo]
entrada (f)	entremés (m)	[entre'mes]
sobremesa (f)	postre (m)	['postre]
conta (f)	cuenta (f)	[ku'enta]
pagar a conta	pagar la cuenta	[pa'gar lʲa ku'enta]
dar o troco	dar la vuelta	['dar lʲa bu'elta]
gorjeta (f)	propina (f)	[pro'pina]

Família, parentes e amigos

45. Informação pessoal. Formulários

nome (m)	nombre (m)	['nombre]
apelido (m)	apellido (m)	[ape'ʝiðo]
data (f) de nascimento	fecha (f) de nacimiento	['fetʃa de naθi'mjento]
local (m) de nascimento	lugar (m) de nacimiento	[lʲu'gar de naθi'mjento]
nacionalidade (f)	nacionalidad (f)	[naθjonali'ðað]
lugar (m) de residência	domicilio (m)	[domi'θilio]
país (m)	país (m)	[pa'is]
profissão (f)	profesión (f)	[profe'sjon]
sexo (m)	sexo (m)	['sekso]
estatura (f)	estatura (f)	[esta'tura]
peso (m)	peso (m)	['peso]

46. Membros da família. Parentes

mãe (f)	madre (f)	['maðre]
pai (m)	padre (m)	['paðre]
filho (m)	hijo (m)	['iχo]
filha (f)	hija (f)	['iχa]
filha (f) mais nova	hija (f) menor	['iχa me'nor]
filho (m) mais novo	hijo (m) menor	['iχo me'nor]
filha (f) mais velha	hija (f) mayor	['iχa ma'jor]
filho (m) mais velho	hijo (m) mayor	['iχo ma'jor]
irmão (m)	hermano (m)	[er'mano]
irmão (m) mais velho	hermano (m) mayor	[er'mano ma'jor]
irmão (m) mais novo	hermano (m) menor	[er'mano me'nor]
irmã (f)	hermana (f)	[er'mana]
irmã (f) mais velha	hermana (f) mayor	[er'mana ma'jor]
irmã (f) mais nova	hermana (f) menor	[er'mana me'nor]
primo (m)	primo (m)	['primo]
prima (f)	prima (f)	['prima]
mamã (f)	mamá (f)	[ma'ma]
papá (m)	papá (m)	[pa'pa]
pais (pl)	padres (pl)	['paðres]
criança (f)	niño (m), niña (f)	['ninjo], ['ninja]
crianças (f pl)	niños (pl)	['ninjos]
avó (f)	abuela (f)	[aβu'elʲa]
avô (m)	abuelo (m)	[aβu'elʲo]
neto (m)	nieto (m)	['njeto]

neta (f)	nieta (f)	['njeta]
netos (pl)	nietos (pl)	['njetos]

tio (m)	tío (m)	['tio]
tia (f)	tía (f)	['tia]
sobrinho (m)	sobrino (m)	[so'βrino]
sobrinha (f)	sobrina (f)	[so'βrina]

sogra (f)	suegra (f)	[su'eɣra]
sogro (m)	suegro (m)	[su'eɣro]
genro (m)	yerno (m)	['jerno]
madrasta (f)	madrastra (f)	[ma'ðrastra]
padrasto (m)	padrastro (m)	[pa'ðrastro]

criança (f) de colo	niño (m) de pecho	['ninjo de 'petʃo]
bebé (m)	bebé (m)	[be'βe]
menino (m)	chico (m)	['tʃiko]

mulher (f)	mujer (f)	[mu'χer]
marido (m)	marido (m)	[ma'riðo]
esposo (m)	esposo (m)	[es'poso]
esposa (f)	esposa (f)	[es'posa]

casado	casado (adj)	[ka'saðo]
casada	casada (adj)	[ka'saða]
solteiro	soltero (adj)	[solʲ'tero]
solteirão (m)	soltero (m)	[solʲ'tero]
divorciado	divorciado (adj)	[diβor'θjaðo]
viúva (f)	viuda (f)	['bjuða]
viúvo (m)	viudo (m)	['bjuðo]

parente (m)	pariente (m)	[pa'rjente]
parente (m) próximo	pariente (m) cercano	[pa'rjente θer'kano]
parente (m) distante	pariente (m) lejano	[pa'rjente le'χano]
parentes (m pl)	parientes (pl)	[pa'rjentes]

órfão (m)	huérfano (m)	[u'erfano]
órfã (f)	huérfana (f)	[u'erfana]
tutor (m)	tutor (m)	[tu'tor]
adotar (um filho)	adoptar, ahijar (vt)	[aðop'tar], [ai'χar]
adotar (uma filha)	adoptar, ahijar (vt)	[aðop'tar], [ai'χar]

Medicina

47. Doenças

doença (f)	enfermedad (f)	[eɱferme'ðað]
estar doente	estar enfermo	[es'tar eɱ'fermo]
saúde (f)	salud (f)	[sa'lʲuð]
nariz (m) a escorrer	resfriado (m)	[resfri'aðo]
amigdalite (f)	angina (f)	[an'χina]
constipação (f)	resfriado (m)	[resfri'aðo]
constipar-se (vr)	resfriarse (vr)	[resfri'arse]
bronquite (f)	bronquitis (f)	[broŋ'kitis]
pneumonia (f)	pulmonía (f)	[pulʲmo'nia]
gripe (f)	gripe (f)	['gripe]
míope	miope (adj)	[mi'ope]
presbita	présbita (adj)	['presβita]
estrabismo (m)	estrabismo (m)	[estra'βismo]
estrábico	estrábico (m) (adj)	[es'traβiko]
catarata (f)	catarata (f)	[kata'rata]
glaucoma (m)	glaucoma (m)	[glʲau'koma]
AVC (m), apoplexia (f)	insulto (m)	[in'sulʲto]
ataque (m) cardíaco	ataque (m) cardiaco	[a'take kar'ðjako]
enfarte (m) do miocárdio	infarto (m) de miocardio	[iɱ'farto de mio'karðio]
paralisia (f)	parálisis (f)	[pa'ralisis]
paralisar (vt)	paralizar (vt)	[parali'θar]
alergia (f)	alergia (f)	[a'lerχia]
asma (f)	asma (f)	['asma]
diabetes (f)	diabetes (f)	[dia'βetes]
dor (f) de dentes	dolor (m) de muelas	[do'lʲor de mu'elʲas]
cárie (f)	caries (f)	['karies]
diarreia (f)	diarrea (f)	[dia'rea]
prisão (f) de ventre	estreñimiento (m)	[estrenji'mjento]
desarranjo (m) intestinal	molestia (f) estomacal	[mo'lestja estoma'kalʲ]
intoxicação (f) alimentar	envenenamiento (m)	[embenena'mjento]
intoxicar-se	envenenarse (vr)	[embene'narse]
artrite (f)	artritis (f)	[ar'tritis]
raquitismo (m)	raquitismo (m)	[raki'tismo]
reumatismo (m)	reumatismo (m)	[reuma'tismo]
arteriosclerose (f)	aterosclerosis (f)	[ateroskle'rosis]
gastrite (f)	gastritis (f)	[gas'tritis]
apendicite (f)	apendicitis (f)	[apendi'θitis]

| colecistite (f) | colecistitis (f) | [koleθis'titis] |
| úlcera (f) | úlcera (f) | ['ulʲθera] |

sarampo (m)	sarampión (m)	[saram'pjon]
rubéola (f)	rubeola (f)	[ruβe'olʲa]
iterícia (f)	ictericia (f)	[ikte'riθia]
hepatite (f)	hepatitis (f)	[epa'titis]

esquizofrenia (f)	esquizofrenia (f)	[eskiθo'frenia]
raiva (f)	rabia (f)	['raβia]
neurose (f)	neurosis (f)	[neu'rosis]
comoção (f) cerebral	conmoción (f) cerebral	[konmo'θjon θere'βralʲ]

cancro (m)	cáncer (m)	['kanθer]
esclerose (f)	esclerosis (f)	[eskle'rosis]
esclerose (f) múltipla	esclerosis (f) múltiple	[eskle'rosis 'mulʲtiple]

alcoolismo (m)	alcoholismo (m)	[alʲkoo'lismo]
alcoólico (m)	alcohólico (m)	[alʲko'oliko]
sífilis (f)	sífilis (f)	['sifilis]
SIDA (f)	SIDA (m)	['siða]

tumor (m)	tumor (m)	[tu'mor]
maligno	maligno (adj)	[ma'liɣno]
benigno	benigno (adj)	[be'niɣno]
febre (f)	fiebre (f)	['fjeβre]
malária (f)	malaria (f)	[ma'lʲaria]
gangrena (f)	gangrena (f)	[gan'grena]
enjoo (m)	mareo (m)	[ma'reo]
epilepsia (f)	epilepsia (f)	[epi'lepsia]

epidemia (f)	epidemia (f)	[epi'ðemia]
tifo (m)	tifus (m)	['tifus]
tuberculose (f)	tuberculosis (f)	[tuβerku'lʲosis]
cólera (f)	cólera (f)	['kolera]
peste (f)	peste (f)	['peste]

48. Sintomas. Tratamentos. Parte 1

sintoma (m)	síntoma (m)	['sintoma]
temperatura (f)	temperatura (f)	[tempera'tura]
febre (f)	fiebre (f)	['fjeβre]
pulso (m)	pulso (m)	['pulʲso]

vertigem (f)	mareo (m)	[ma'reo]
quente (testa, etc.)	caliente (adj)	[ka'ljente]
calafrio (m)	escalofrío (m)	[eskalʲo'frio]
pálido	pálido (adj)	['paliðo]

tosse (f)	tos (f)	[tos]
tossir (vi)	toser (vi)	[to'ser]
espirrar (vi)	estornudar (vi)	[estornu'ðar]
desmaio (m)	desmayo (m)	[des'majo]
desmaiar (vi)	desmayarse (vr)	[desma'jarse]

nódoa (f) negra	moradura (f)	[mora'ðura]
galo (m)	chichón (m)	[tʃi'tʃon]
magoar-se (vr)	golpearse (vr)	[golʲpe'arse]
pisadura (f)	magulladura (f)	[maguja'ðura]
aleijar-se (vr)	magullarse (vr)	[magu'jarse]
coxear (vi)	cojear (vi)	[koχe'ar]
deslocação (f)	dislocación (f)	[dislʲoka'θjon]
deslocar (vt)	dislocar (vt)	[dislʲo'kar]
fratura (f)	fractura (f)	[frak'tura]
fraturar (vt)	tener una fractura	[te'ner 'una frak'tura]
corte (m)	corte (m)	['korte]
cortar-se (vr)	cortarse (vr)	[kor'tarse]
hemorragia (f)	hemorragia (f)	[emo'raχia]
queimadura (f)	quemadura (f)	[kema'ðura]
queimar-se (vr)	quemarse (vr)	[ke'marse]
picar (vt)	pincharse (vt)	[pin'tʃarse]
picar-se (vr)	pincharse (vr)	[pin'tʃarse]
lesionar (vt)	herir (vt)	[e'rir]
lesão (m)	herida (f)	[e'riða]
ferida (f), ferimento (m)	lesión (f)	[le'sjon]
trauma (m)	trauma (m)	['trauma]
delirar (vi)	delirar (vi)	[deli'rar]
gaguejar (vi)	tartamudear (vi)	[tartamuðe'ar]
insolação (f)	insolación (f)	[insolʲa'θjon]

49. Sintomas. Tratamentos. Parte 2

dor (f)	dolor (m)	[do'lʲor]
farpa (no dedo)	astilla (f)	[as'tija]
suor (m)	sudor (m)	[su'ðor]
suar (vi)	sudar (vi)	[su'ðar]
vómito (m)	vómito (m)	['bomito]
convulsões (f pl)	convulsiones (f pl)	[kombulʲ'sjones]
grávida	embarazada (adj)	[embara'θaða]
nascer (vi)	nacer (vi)	[na'θer]
parto (m)	parto (m)	['parto]
dar à luz	dar a luz	[dar a lʲuθ]
aborto (m)	aborto (m)	[a'βorto]
respiração (f)	respiración (f)	[respira'θjon]
inspiração (f)	inspiración (f)	[inspira'θjon]
expiração (f)	espiración (f)	[espira'θjon]
expirar (vi)	espirar (vi)	[espi'rar]
inspirar (vi)	inspirar (vi)	[inspi'rar]
inválido (m)	inválido (m)	[im'baliðo]
aleijado (m)	mutilado (m)	[muti'lʲaðo]

toxicodependente (m)	drogadicto (m)	[droɣ·a'ðikto]
surdo	sordo (adj)	['sorðo]
mudo	mudo (adj)	['muðo]
surdo-mudo	sordomudo (adj)	[sorðo'muðo]

louco (adj.)	loco (adj)	['lʲoko]
louco (m)	loco (m)	['lʲoko]
louca (f)	loca (f)	['lʲoka]
ficar louco	volverse loco	[bolʲ'βerse 'lʲoko]

gene (m)	gen (m)	[χen]
imunidade (f)	inmunidad (f)	[inmuni'ðað]
hereditário	hereditario (adj)	[ereði'tario]
congénito	de nacimiento (adj)	[de naθi'mjento]

vírus (m)	virus (m)	['birus]
micróbio (m)	microbio (m)	[mi'kroβio]
bactéria (f)	bacteria (f)	[bak'teria]
infeção (f)	infección (f)	[iɱfek'θjon]

50. Sintomas. Tratamentos. Parte 3

| hospital (m) | hospital (m) | [ospi'talʲ] |
| paciente (m) | paciente (m) | [pa'θjente] |

diagnóstico (m)	diagnosis (f)	[dia'ɣnosis]
cura (f)	cura (f)	['kura]
tratamento (m) médico	tratamiento (m)	[trata'mjento]
curar-se (vr)	curarse (vr)	[ku'rarse]
tratar (vt)	tratar (vt)	[tra'tar]
cuidar (pessoa)	cuidar (vt)	[kui'ðar]
cuidados (m pl)	cuidados (m pl)	[kui'ðaðos]

operação (f)	operación (f)	[opera'θjon]
enfaixar (vt)	vendar (vt)	[ben'dar]
enfaixamento (m)	vendaje (m)	[ben'daχe]

vacinação (f)	vacunación (f)	[bakuna'θjon]
vacinar (vt)	vacunar (vt)	[baku'nar]
injeção (f)	inyección (f)	[injek'θjon]
dar uma injeção	aplicar una inyección	[apli'kar 'una injek'θjon]

ataque (~ de asma, etc.)	ataque (m)	[a'take]
amputação (f)	amputación (f)	[amputa'θjon]
amputar (vt)	amputar (vt)	[ampu'tar]
coma (f)	coma (m)	['koma]
estar em coma	estar en coma	[es'tar en 'koma]
reanimação (f)	revitalización (f)	[reβitaliθa'θjon]

recuperar-se (vr)	recuperarse (vr)	[rekupe'rarse]
estado (~ de saúde)	estado (m)	[es'taðo]
consciência (f)	consciencia (f)	[kon'θjenθia]
memória (f)	memoria (f)	[me'moria]
tirar (vt)	extraer (vt)	[ekstra'er]

chumbo (m), obturação (f)	empaste (m)	[em'paste]
chumbar, obturar (vt)	empastar (vt)	[empas'tar]
hipnose (f)	hipnosis (f)	[ip'nosis]
hipnotizar (vt)	hipnotizar (vt)	[ipnoti'θar]

51. Médicos

médico (m)	médico (m)	['meðiko]
enfermeira (f)	enfermera (f)	[eɱfer'mera]
médico (m) pessoal	médico (m) personal	['meðiko perso'nalʲ]
dentista (m)	dentista (m)	[den'tista]
oculista (m)	oftalmólogo (m)	[oftalʲ'molʲogo]
terapeuta (m)	internista (m)	[inter'nista]
cirurgião (m)	cirujano (m)	[θiru'χano]
psiquiatra (m)	psiquiatra (m)	[si'kjatra]
pediatra (m)	pediatra (m)	[pe'ðjatra]
psicólogo (m)	psicólogo (m)	[si'kolʲogo]
ginecologista (m)	ginecólogo (m)	[χine'kolʲogo]
cardiologista (m)	cardiólogo (m)	[karði'olʲogo]

52. Medicina. Drogas. Acessórios

medicamento (m)	medicamento (m), droga (f)	[meðika'mento], ['droga]
remédio (m)	remedio (m)	[re'meðio]
receitar (vt)	prescribir	[preskri'βir]
receita (f)	receta (f)	[re'θeta]
comprimido (m)	tableta (f)	[ta'βleta]
pomada (f)	ungüento (m)	[ungu'ento]
ampola (f)	ampolla (f)	[am'poja]
preparado (m)	mixtura (f), mezcla (f)	[miks'tura], ['meθklʲa]
xarope (m)	sirope (m)	[si'rope]
cápsula (f)	píldora (f)	['pilʲdora]
remédio (m) em pó	polvo (m)	['polʲβo]
ligadura (f)	venda (f)	['benda]
algodão (m)	algodón (m)	[alʲgo'ðon]
iodo (m)	yodo (m)	['joðo]
penso (m) rápido	tirita (f), curita (f)	[ti'rita], [ku'rita]
conta-gotas (m)	pipeta (f)	[pi'peta]
termómetro (m)	termómetro (m)	[ter'mometro]
seringa (f)	jeringa (f)	[χe'ringa]
cadeira (f) de rodas	silla (f) de ruedas	['sija de ru'eðas]
muletas (f pl)	muletas (f pl)	[mu'letas]
analgésico (m)	anestésico (m)	[anes'tesiko]
laxante (m)	purgante (m)	[pur'gante]

álcool (m) etílico	alcohol (m)	[alʲkoˈolʲ]
ervas (f pl) medicinais	hierba (f) medicinal	[ˈjerβa meðiθiˈnalʲ]
de ervas (chá ~)	de hierbas (adj)	[de ˈjerβas]

HABITAT HUMANO

Cidade

53. Cidade. Vida na cidade

cidade (f)	ciudad (f)	[θju'ðað]
capital (f)	capital (f)	[kapi'talʲ]
aldeia (f)	aldea (f)	[alʲ'ðea]
mapa (m) da cidade	plano (m) de la ciudad	['plʲano de lʲa θju'ðað]
centro (m) da cidade	centro (m) de la ciudad	['θentro de lʲa θju'ðað]
subúrbio (m)	suburbio (m)	[su'βurβio]
suburbano	suburbano (adj)	[suβur'βano]
periferia (f)	arrabal (m)	[ara'βalʲ]
arredores (m pl)	afueras (f pl)	[afu'eras]
quarteirão (m)	barrio (m)	['bario]
quarteirão (m) residencial	zona (f) de viviendas	['θona de bi'βjendas]
tráfego (m)	tráfico (m)	['trafiko]
semáforo (m)	semáforo (m)	[se'maforo]
transporte (m) público	transporte (m) urbano	[trans'porte ur'βano]
cruzamento (m)	cruce (m)	['kruθe]
passadeira (f)	paso (m) de peatones	['paso de pea'tones]
passagem (f) subterrânea	paso (m) subterráneo	['paso suβte'raneo]
cruzar, atravessar (vt)	cruzar (vt)	[kru'θar]
peão (m)	peatón (m)	[pea'ton]
passeio (m)	acera (f)	[a'θera]
ponte (f)	puente (m)	[pu'ente]
margem (f) do rio	muelle (m)	[mu'eje]
fonte (f)	fuente (f)	[fu'ente]
alameda (f)	alameda (f)	[alʲa'meða]
parque (m)	parque (m)	['parke]
bulevar (m)	bulevar (m)	[bule'βar]
praça (f)	plaza (f)	['plʲaθa]
avenida (f)	avenida (f)	[aβe'niða]
rua (f)	calle (f)	['kaje]
travessa (f)	callejón (m)	[kaje'xon]
beco (m) sem saída	callejón (m) sin salida	[kaje'xon sin sa'liða]
casa (f)	casa (f)	['kasa]
edifício, prédio (m)	edificio (m)	[eði'fiθio]
arranha-céus (m)	rascacielos (m)	[raska'θjelʲos]
fachada (f)	fachada (f)	[fa'tʃaða]
telhado (m)	techo (m)	['tetʃo]

janela (f)	ventana (f)	[ben'tana]
arco (m)	arco (m)	['arko]
coluna (f)	columna (f)	[ko'lʲumna]
esquina (f)	esquina (f)	[es'kina]
montra (f)	escaparate (f)	[eskapa'rate]
letreiro (m)	letrero (m)	[le'trero]
cartaz (m)	cartel (m)	[kar'telʲ]
cartaz (m) publicitário	cartel (m) publicitario	[kar'telʲ puβliθi'tario]
painel (m) publicitário	valla (f) publicitaria	['baja puβliθi'taria]
lixo (m)	basura (f)	[ba'sura]
cesta (f) do lixo	cajón (m) de basura	[ka'χon de ba'sura]
jogar lixo na rua	tirar basura	[ti'rar ba'sura]
aterro (m) sanitário	basurero (m)	[basu'rero]
cabine (f) telefónica	cabina (f) telefónica	[ka'βina tele'fonika]
candeeiro (m) de rua	farola (f)	[fa'rolʲa]
banco (m)	banco (m)	['baŋko]
polícia (m)	policía (m)	[poli'θia]
polícia (instituição)	policía (f)	[poli'θia]
mendigo (m)	mendigo (m)	[men'digo]
sem-abrigo (m)	persona (f) sin hogar	[per'sona sin o'gar]

54. Instituições urbanas

loja (f)	tienda (f)	['tjenda]
farmácia (f)	farmacia (f)	[far'maθia]
ótica (f)	óptica (f)	['optika]
centro (m) comercial	centro (m) comercial	['θentro komer'θjalʲ]
supermercado (m)	supermercado (m)	[supermer'kaðo]
padaria (f)	panadería (f)	[panaðe'ria]
padeiro (m)	panadero (m)	[pana'ðero]
pastelaria (f)	pastelería (f)	[pastele'ria]
mercearia (f)	tienda (f) de comestibles	['tjenda de komes'tiβles]
talho (m)	carnicería (f)	[karniθe'ria]
loja (f) de legumes	verdulería (f)	[berðule'ria]
mercado (m)	mercado (m)	[mer'kaðo]
café (m)	cafetería (f)	[kafete'ria]
restaurante (m)	restaurante (m)	[restau'rante]
bar (m), cervejaria (f)	cervecería (f)	[θerβeθe'ria]
pizzaria (f)	pizzería (f)	[pitse'ria]
salão (m) de cabeleireiro	peluquería (f)	[pelʲuke'ria]
correios (m pl)	oficina (f) de correos	[ofi'θina de ko'reos]
lavandaria (f)	tintorería (f)	[tintore'ria]
estúdio (m) fotográfico	estudio (m) fotográfico	[es'tuðjo foto'ɣrafiko]
sapataria (f)	zapatería (f)	[θapate'ria]
livraria (f)	librería (f)	[liβre'ria]

loja (f) de artigos de desporto	tienda (f) deportiva	['tjenda depor'tiβa]
reparação (f) de roupa	arreglos (m pl) de ropa	[a'reɣlʲos de 'ropa]
aluguer (m) de roupa	alquiler (m) de ropa	[alʲki'ler de 'ropa]
aluguer (m) de filmes	videoclub (m)	[biðeo·'klʲuβ]
circo (m)	circo (m)	['θirko]
jardim (m) zoológico	zoológico (m)	[θoo'lʲoχiko]
cinema (m)	cine (m)	['θine]
museu (m)	museo (m)	[mu'seo]
biblioteca (f)	biblioteca (f)	[biβlio'teka]
teatro (m)	teatro (m)	[te'atro]
ópera (f)	ópera (f)	['opera]
clube (m) noturno	club (m) nocturno	[klʲuβ nok'turno]
casino (m)	casino (m)	[ka'sino]
mesquita (f)	mezquita (f)	[meθ'kita]
sinagoga (f)	sinagoga (f)	[sina'goga]
catedral (f)	catedral (f)	[kate'ðralʲ]
templo (m)	templo (m)	['templʲo]
igreja (f)	iglesia (f)	[i'ɣlesia]
instituto (m)	instituto (m)	[insti'tuto]
universidade (f)	universidad (f)	[uniβersi'ðað]
escola (f)	escuela (f)	[esku'elʲa]
prefeitura (f)	prefectura (f)	[prefek'tura]
câmara (f) municipal	alcaldía (f)	[alʲkalʲ'ðia]
hotel (m)	hotel (m)	[o'telʲ]
banco (m)	banco (m)	['baŋko]
embaixada (f)	embajada (f)	[emba'χaða]
agência (f) de viagens	agencia (f) de viajes	[a'χenθja de 'bjaχes]
agência (f) de informações	oficina (f) de información	[ofi'θina de imforma'θjon]
casa (f) de câmbio	oficina (f) de cambio	[ofi'θina de 'kambio]
metro (m)	metro (m)	['metro]
hospital (m)	hospital (m)	[ospi'talʲ]
posto (m) de gasolina	gasolinera (f)	[gasoli'nera]
parque (m) de estacionamento	aparcamiento (m)	[aparka'mjento]

55. Sinais

letreiro (m)	letrero (m)	[le'trero]
inscrição (f)	cartel (m)	[kar'telʲ]
cartaz, póster (m)	pancarta (f)	[paŋ'karta]
sinal (m) informativo	señal (m) de dirección	[se'njalʲ de direk'θjon]
seta (f)	flecha (f)	['fletʃa]
aviso (advertência)	advertencia (f)	[aðβer'tenθia]
sinal (m) de aviso	aviso (m)	[a'βiso]
avisar, advertir (vt)	advertir (vt)	[aðβer'tir]
dia (m) de folga	día (m) de descanso	['dia de des'kanso]

horário (m)	horario (m)	[oˈrario]
horário (m) de funcionamento	horario (m) de apertura	[oˈrarjo de aperˈtura]
BEM-VINDOS!	¡BIENVENIDOS!	[bjembeˈniðos]
ENTRADA	ENTRADA	[enˈtraða]
SAÍDA	SALIDA	[saˈliða]
EMPURRE	EMPUJAR	[empuˈxar]
PUXE	TIRAR	[tiˈrar]
ABERTO	ABIERTO	[aˈβjerto]
FECHADO	CERRADO	[θeˈraðo]
MULHER	MUJERES	[muˈxeres]
HOMEM	HOMBRES	[ˈombres]
DESCONTOS	REBAJAS	[reˈβaxas]
SALDOS	SALDOS	[ˈsalʲdos]
NOVIDADE!	NOVEDAD	[noβeˈðað]
GRÁTIS	GRATIS	[ˈgratis]
ATENÇÃO!	¡ATENCIÓN!	[atenˈθjon]
NÃO HÁ VAGAS	COMPLETO	[komˈpleto]
RESERVADO	RESERVADO	[reserˈβaðo]
ADMINISTRAÇÃO	ADMINISTRACIÓN	[aðministraˈθjon]
SOMENTE PESSOAL	SÓLO PERSONAL	[ˈsolʔo persoˈnal?
AUTORIZADO	AUTORIZADO	autoriˈʔaʔo]
CUIDADO CÃO FEROZ	CUIDADO CON EL PERRO	[kuiˈðaðo kon elʲ ˈpero]
PROIBIDO FUMAR!	PROHIBIDO FUMAR	[proiˈβiðo fuˈmar]
NÃO TOCAR	NO TOCAR	[no toˈkar]
PERIGOSO	PELIGROSO	[peliˈɣroso]
PERIGO	PELIGRO	[peˈliɣro]
ALTA TENSÃO	ALTA TENSIÓN	[ˈalʲta tenˈsjon]
PROIBIDO NADAR	PROHIBIDO BAÑARSE	[proiˈβiðo baˈnjarse]
AVARIADO	NO FUNCIONA	[no funˈθjona]
INFLAMÁVEL	INFLAMABLE	[imflʲaˈmaβle]
PROIBIDO	PROHIBIDO	[proiˈβiðo]
ENTRADA PROIBIDA	PROHIBIDO EL PASO	[proiˈβiðo elʲ ˈpaso]
CUIDADO TINTA FRESCA	RECIÉN PINTADO	[reˈθjen pinˈtaðo]

56. Transportes urbanos

autocarro (m)	autobús (m)	[autoˈβus]
elétrico (m)	tranvía (m)	[tramˈbia]
troleicarro (m)	trolebús (m)	[troleˈβus]
itinerário (m)	itinerario (m)	[itineˈrario]
número (m)	número (m)	[ˈnumero]
ir de … (carro, etc.)	ir en …	[ir en]
entrar (~ no autocarro)	tomar (vt)	[toˈmar]
descer de …	bajar del …	[baˈxar delʲ]

paragem (f)	parada (f)	[pa'raða]
próxima paragem (f)	próxima parada (f)	['proksima pa'raða]
ponto (m) final	parada (f) final	[pa'raða fi'nalʲ]
horário (m)	horario (m)	[o'rario]
esperar (vt)	esperar (vt)	[espe'rar]
bilhete (m)	billete (m)	[bi'jete]
custo (m) do bilhete	precio (m) del billete	['preθjo delʲ bi'jete]
bilheteiro (m)	cajero (m)	[ka'χero]
controlo (m) dos bilhetes	control (m) de billetes	[kon'trolʲ de bi'jetes]
revisor (m)	revisor (m)	[rebi'sor]
atrasar-se (vr)	llegar tarde (vi)	[je'gar 'tarðe]
perder (o autocarro, etc.)	perder (vt)	[per'ðer]
estar com pressa	tener prisa	[te'ner 'prisa]
táxi (m)	taxi (m)	['taksi]
taxista (m)	taxista (m)	[ta'ksista]
de táxi (ir ~)	en taxi	[en 'taksi]
praça (f) de táxis	parada (f) de taxi	[pa'raða de 'taksi]
chamar um táxi	llamar un taxi	[ja'mar un 'taksi]
apanhar um táxi	tomar un taxi	[to'mar un 'taksi]
tráfego (m)	tráfico (m)	['trafiko]
engarrafamento (m)	atasco (m)	[a'tasko]
horas (f pl) de ponta	horas (f pl) de punta	['oras de 'punta]
estacionar (vi)	aparcar (vi)	[apar'kar]
estacionar (vt)	aparcar (vt)	[apar'kar]
parque (m) de estacionamento	aparcamiento (m)	[aparka'mjento]
metro (m)	metro (m)	['metro]
estação (f)	estación (f)	[esta'θjon]
ir de metro	ir en el metro	[ir en elʲ 'metro]
comboio (m)	tren (m)	['tren]
estação (f)	estación (f)	[esta'θjon]

57. Turismo

monumento (m)	monumento (m)	[monu'mento]
fortaleza (f)	fortaleza (f)	[forta'leθa]
palácio (m)	palacio (m)	[pa'lʲaθio]
castelo (m)	castillo (m)	[kas'tijo]
torre (f)	torre (f)	['tore]
mausoléu (m)	mausoleo (m)	[mauso'leo]
arquitetura (f)	arquitectura (f)	[arkitek'tura]
medieval	medieval (adj)	[meðje'βalʲ]
antigo	antiguo (adj)	[an'tiguo]
nacional	nacional (adj)	[naθjo'nalʲ]
conhecido	conocido (adj)	[kono'θiðo]
turista (m)	turista (m)	[tu'rista]
guia (pessoa)	guía (m)	['gia]

excursão (f)	excursión (f)	[eskur'θjon]
mostrar (vt)	mostrar (vt)	[mos'trar]
contar (vt)	contar (vt)	[kon'tar]
encontrar (vt)	encontrar (vt)	[eŋkon'trar]
perder-se (vr)	perderse (vr)	[per'ðerse]
mapa (~ do metrô)	plano (m), mapa (m)	['plʲano], ['mapa]
mapa (~ da cidade)	mapa (m)	['mapa]
lembrança (f), presente (m)	recuerdo (m)	[reku'erðo]
loja (f) de presentes	tienda (f) de regalos	['tjenda de re'galʲos]
fotografar (vt)	hacer fotos	[a'θer 'fotos]
fotografar-se	fotografiarse (vr)	[fotoɣra'fjarse]

58. Compras

comprar (vt)	comprar (vt)	[kom'prar]
compra (f)	compra (f)	['kompra]
fazer compras	hacer compras	[a'θer 'kompras]
compras (f pl)	compras (f pl)	['kompras]
estar aberta (loja, etc.)	estar abierto	[es'tar a'βjerto]
estar fechada	estar cerrado	[es'tar θe'raðo]
calçado (m)	calzado (m)	[kalʲ'θaðo]
roupa (f)	ropa (f)	['ropa]
cosméticos (m pl)	cosméticos (m pl)	[kos'metikos]
alimentos (m pl)	productos alimenticios	[pro'ðuktos alimen'tiθjos]
presente (m)	regalo (m)	[re'galʲo]
vendedor (m)	vendedor (m)	[bende'ðor]
vendedora (f)	vendedora (f)	[bende'ðora]
caixa (f)	caja (f)	['kaxa]
espelho (m)	espejo (m)	[es'peχo]
balcão (m)	mostrador (m)	[mostra'ðor]
cabine (f) de provas	probador (m)	[proβa'ðor]
provar (vt)	probar (vt)	[pro'βar]
servir (vi)	quedar (vi)	[ke'ðar]
gostar (apreciar)	gustar (vi)	[gus'tar]
preço (m)	precio (m)	['preθio]
etiqueta (f) de preço	etiqueta (f) de precio	[eti'keta de 'preθio]
custar (vt)	costar (vt)	[kos'tar]
Quanto?	¿Cuánto?	[ku'anto]
desconto (m)	descuento (m)	[desku'ento]
não caro	no costoso (adj)	[no kos'toso]
barato	barato (adj)	[ba'rato]
caro	caro (adj)	['karo]
É caro	Es caro	[es 'karo]
aluguer (m)	alquiler (m)	[alʲki'ler]
alugar (vestidos, etc.)	alquilar (vt)	[alʲki'lʲar]

crédito (m)	crédito (m)	['kreðito]
a crédito	a crédito (adv)	[a 'kreðito]

59. Dinheiro

dinheiro (m)	dinero (m)	[di'nero]
câmbio (m)	cambio (m)	['kambio]
taxa (f) de câmbio	curso (m)	['kurso]
Caixa Multibanco (m)	cajero (m) automático	[ka'xero auto'matiko]
moeda (f)	moneda (f)	[mo'neða]
dólar (m)	dólar (m)	['dolʲar]
euro (m)	euro (m)	['euro]
lira (f)	lira (f)	['lira]
marco (m)	marco (m) alemán	['marko ale'man]
franco (m)	franco (m)	['franko]
libra (f) esterlina	libra esterlina (f)	['liβra ester'lina]
iene (m)	yen (m)	[jen]
dívida (f)	deuda (f)	['deuða]
devedor (m)	deudor (m)	[deu'ðor]
emprestar (vt)	prestar (vt)	[pres'tar]
pedir emprestado	tomar prestado	[to'mar pres'taðo]
banco (m)	banco (m)	['banko]
conta (f)	cuenta (f)	[ku'enta]
depositar (vt)	ingresar (vt)	[ingre'sar]
depositar na conta	ingresar en la cuenta	[ingre'sar en lʲa ku'enta]
levantar (vt)	sacar de la cuenta	[sa'kar de lʲa ku'enta]
cartão (m) de crédito	tarjeta (f) de crédito	[tar'xeta de 'kreðito]
dinheiro (m) vivo	dinero (m) en efectivo	[di'nero en efek'tiβo]
cheque (m)	cheque (m)	['tʃeke]
passar um cheque	sacar un cheque	[sa'kar un 'tʃeke]
livro (m) de cheques	talonario (m)	[talʲo'nario]
carteira (f)	cartera (f)	[kar'tera]
porta-moedas (m)	monedero (m)	[mone'ðero]
cofre (m)	caja (f) fuerte	['kaxa fu'erte]
herdeiro (m)	heredero (m)	[ere'ðero]
herança (f)	herencia (f)	[e'renθia]
fortuna (riqueza)	fortuna (f)	[for'tuna]
arrendamento (m)	arriendo (m)	[a'rjendo]
renda (f) de casa	alquiler (m)	[alʲki'ler]
alugar (vt)	alquilar (vt)	[alʲki'lʲar]
preço (m)	precio (m)	['preθio]
custo (m)	coste (m)	['koste]
soma (f)	suma (f)	['suma]
gastar (vt)	gastar (vt)	[gas'tar]
gastos (m pl)	gastos (m pl)	['gastos]

economizar (vi)	economizar (vi, vt)	[ekonomi'θar]
económico	económico (adj)	[eko'nomiko]
pagar (vt)	pagar (vi, vt)	[pa'gar]
pagamento (m)	pago (m)	['pago]
troco (m)	cambio (m)	['kambio]
imposto (m)	impuesto (m)	[impu'esto]
multa (f)	multa (f)	['mulʲta]
multar (vt)	multar (vt)	[mulʲ'tar]

60. Correios. Serviço postal

correios (m pl)	oficina (f) de correos	[ofi'θina de ko'reos]
correio (m)	correo (m)	[ko'reo]
carteiro (m)	cartero (m)	[kar'tero]
horário (m)	horario (m) de apertura	[o'rarjo de aper'tura]
carta (f)	carta (f)	['karta]
carta (f) registada	carta (f) certificada	['karta θertifi'kaða]
postal (m)	tarjeta (f) postal	[tar'χeta pos'talʲ]
telegrama (m)	telegrama (m)	[tele'γrama]
encomenda (f) postal	paquete (m) postal	[pa'kete pos'talʲ]
remessa (f) de dinheiro	giro (m) postal	['χiro pos'talʲ]
receber (vt)	recibir (vt)	[reθi'βir]
enviar (vt)	enviar (vt)	[em'bjar]
envio (m)	envío (m)	[em'bio]
endereço (m)	dirección (f)	[direk'θjon]
código (m) postal	código (m) postal	['koðigo pos'talʲ]
remetente (m)	expedidor (m)	[ekspeði'ðor]
destinatário (m)	destinatario (m)	[destina'tario]
nome (m)	nombre (m)	['nombre]
apelido (m)	apellido (m)	[ape'jiðo]
tarifa (f)	tarifa (f)	[ta'rifa]
ordinário	ordinario (adj)	[orði'nario]
económico	económico (adj)	[eko'nomiko]
peso (m)	peso (m)	['peso]
pesar (estabelecer o peso)	pesar (vt)	[pe'sar]
envelope (m)	sobre (m)	['soβre]
selo (m)	sello (m)	['sejo]
colar o selo	poner un sello	[po'ner un 'sejo]

Moradia. Casa. Lar

61. Casa. Eletricidade

eletricidade (f)	electricidad (f)	[elektriθi'ðað]
lâmpada (f)	bombilla (f)	[bom'bija]
interruptor (m)	interruptor (m)	[interup'tor]
fusível (m)	fusible (m)	[fu'siβle]
fio, cabo (m)	cable, hilo (m)	['kaβle], ['iʎo]
instalação (f) elétrica	instalación (f) eléctrica	[instalʲa'θjon e'lektrika]
contador (m) de eletricidade	contador (m) de luz	[konta'ðor de lʲuθ]
indicação (f), registo (m)	lectura (f)	[lek'tura]

62. Moradia. Mansão

casa (f) de campo	casa (f) de campo	['kasa de 'kampo]
vila (f)	villa (f)	['bija]
ala (~ do edifício)	ala (f)	['alʲa]
jardim (m)	jardín (m)	[xar'ðin]
parque (m)	parque (m)	['parke]
estufa (f)	invernadero (m)	[imberna'ðero]
cuidar de ...	cuidar (vt)	[kui'ðar]
piscina (f)	piscina (f)	[pi'θina]
ginásio (m)	gimnasio (m)	[xim'nasio]
campo (m) de ténis	cancha (f) de tenis	['kantʃa de 'tenis]
cinema (m)	sala (f) de cine	['salʲa de 'θine]
garagem (f)	garaje (m)	[ga'raxe]
propriedade (f) privada	propiedad (f) privada	[propje'ðað pri'βaða]
terreno (m) privado	terreno (m) privado	[te'reno pri'βaðo]
advertência (f)	advertencia (f)	[aðβer'tenθia]
sinal (m) de aviso	letrero (m) de aviso	[le'trero de a'βiθo]
guarda (f)	seguridad (f)	[seguri'ðað]
guarda (m)	guardia (m) de seguridad	[gu'arðja de seguri'ðað]
alarme (m)	alarma (f) antirrobo	[a'lʲarma anti'roβo]

63. Apartamento

apartamento (m)	apartamento (m)	[aparta'mento]
quarto (m)	habitación (f)	[aβita'θjon]
quarto (m) de dormir	dormitorio (m)	[dormi'torio]

sala (f) de jantar	comedor (m)	[kome'ðor]
sala (f) de estar	salón (m)	[sa'lʲon]
escritório (m)	despacho (m)	[des'patʃo]
antessala (f)	antecámara (f)	[ante'kamara]
quarto (m) de banho	cuarto (m) de baño	[ku'arto de 'banjo]
toilette (lavabo)	servicio (m)	[ser'βiθio]
teto (m)	techo (m)	['tetʃo]
chão, soalho (m)	suelo (m)	[su'elʲo]
canto (m)	rincón (m)	[rin'kon]

64. Mobiliário. Interior

mobiliário (m)	muebles (m pl)	[mu'eβles]
mesa (f)	mesa (f)	['mesa]
cadeira (f)	silla (f)	['sija]
cama (f)	cama (f)	['kama]
divã (m)	sofá (m)	[so'fa]
cadeirão (m)	sillón (m)	[si'jon]
estante (f)	librería (f)	[liβre'ria]
prateleira (f)	estante (m)	[es'tante]
guarda-vestidos (m)	armario (m)	[ar'mario]
cabide (m) de parede	percha (f)	['pertʃa]
cabide (m) de pé	perchero (m) de pie	[per'tʃero de pje]
cómoda (f)	cómoda (f)	['komoða]
mesinha (f) de centro	mesa (f) de café	['mesa de ka'fe]
espelho (m)	espejo (m)	[es'peχo]
tapete (m)	tapiz (m)	[ta'piθ]
tapete (m) pequeno	alfombra (f)	[alʲ'fombra]
lareira (f)	chimenea (f)	[tʃime'nea]
vela (f)	vela (f)	['belʲa]
castiçal (m)	candelero (m)	[kande'lero]
cortinas (f pl)	cortinas (f pl)	[kor'tinas]
papel (m) de parede	empapelado (m)	[empape'lʲaðo]
estores (f pl)	estor (m) de láminas	[es'tor de 'lʲaminas]
candeeiro (m) de mesa	lámpara (f) de mesa	['lʲampara de 'mesa]
candeeiro (m) de parede	aplique (m)	[ap'like]
candeeiro (m) de pé	lámpara (f) de pie	['lʲampara de pje]
lustre (m)	lámpara (f) de araña	['lʲampara de a'ranja]
pé (de mesa, etc.)	pata (f)	['pata]
braço (m)	brazo (m)	['braθo]
costas (f pl)	espaldar (m)	[espalʲ'ðar]
gaveta (f)	cajón (m)	[ka'χon]

65. Quarto de dormir

roupa (f) de cama	ropa (f) de cama	['ropa de 'kama]
almofada (f)	almohada (f)	[alʲmo'aða]
fronha (f)	funda (f)	['funda]
cobertor (m)	manta (f)	['manta]
lençol (m)	sábana (f)	['saβana]
colcha (f)	sobrecama (f)	[soβre'kama]

66. Cozinha

cozinha (f)	cocina (f)	[ko'θina]
gás (m)	gas (m)	[gas]
fogão (m) a gás	cocina (f) de gas	[ko'θina de 'gas]
fogão (m) elétrico	cocina (f) eléctrica	[ko'θina e'lektrika]
forno (m)	horno (m)	['orno]
forno (m) de micro-ondas	horno (m) microondas	['orno mikro·'ondas]
frigorífico (m)	frigorífico (m)	[frigo'rifiko]
congelador (m)	congelador (m)	[konχelʲa'ðor]
máquina (f) de lavar louça	lavavajillas (m)	['lʲaβa·βa'χijas]
moedor (m) de carne	picadora (f) de carne	[pika'ðora de 'karne]
espremedor (m)	exprimidor (m)	[eksprimi'ðor]
torradeira (f)	tostador (m)	[tosta'ðor]
batedeira (f)	batidora (f)	[bati'ðora]
máquina (f) de café	cafetera (f)	[kafe'tera]
cafeteira (f)	cafetera (f)	[kafe'tera]
moinho (m) de café	molinillo (m) de café	[moli'nijo de ka'fe]
chaleira (f)	hervidor (m) de agua	[erβi'ðor de 'agua]
bule (m)	tetera (f)	[te'tera]
tampa (f)	tapa (f)	['tapa]
coador (m) de chá	colador (m) de té	[kolʲa'ðor de te]
colher (f)	cuchara (f)	[ku'tʃara]
colher (f) de chá	cucharilla (f)	[kutʃa'rija]
colher (f) de sopa	cuchara (f) de sopa	[ku'tʃara de 'sopa]
garfo (m)	tenedor (m)	[tene'ðor]
faca (f)	cuchillo (m)	[ku'tʃijo]
louça (f)	vajilla (f)	[ba'χija]
prato (m)	plato (m)	['plʲato]
pires (m)	platillo (m)	[plʲa'tijo]
cálice (m)	vaso (m) de chupito	['baso de tʃu'pito]
copo (m)	vaso (m)	['baso]
chávena (f)	taza (f)	['taθa]
açucareiro (m)	azucarera (f)	[aθuka'rera]
saleiro (m)	salero (m)	[sa'lero]
pimenteiro (m)	pimentero (m)	[pimen'tero]

manteigueira (f)	mantequera (f)	[mante'kera]
panela, caçarola (f)	cacerola (f)	[kaθe'rolʲa]
frigideira (f)	sartén (f)	[sar'ten]
concha (f)	cucharón (m)	[kuʧa'ron]
passador (m)	colador (m)	[kolʲa'ðor]
bandeja (f)	bandeja (f)	[ban'deχa]
garrafa (f)	botella (f)	[bo'teja]
boião (m) de vidro	tarro (m) de vidrio	['taro de 'biðrio]
lata (f)	lata (f)	['lʲata]
abre-garrafas (m)	abrebotellas (m)	[aβre·βo'tejas]
abre-latas (m)	abrelatas (m)	[aβre·'lʲatas]
saca-rolhas (m)	sacacorchos (m)	[saka'korʧos]
filtro (m)	filtro (m)	['filʲtro]
filtrar (vt)	filtrar (vt)	[filʲ'trar]
lixo (m)	basura (f)	[ba'sura]
balde (m) do lixo	cubo (m) de basura	['kuβo de ba'sura]

67. Casa de banho

quarto (m) de banho	cuarto (m) de baño	[ku'arto de 'banjo]
água (f)	agua (f)	['agua]
torneira (f)	grifo (m)	['grifo]
água (f) quente	agua (f) caliente	['agua ka'ljente]
água (f) fria	agua (f) fría	['agua 'fria]
pasta (f) de dentes	pasta (f) de dientes	['pasta de 'djentes]
escovar os dentes	limpiarse los dientes	[lim'pjarse los 'djentes]
escova (f) de dentes	cepillo (m) de dientes	[θe'piχo de 'djentes]
barbear-se (vr)	afeitarse (vr)	[afej'tarse]
espuma (f) de barbear	espuma (f) de afeitar	[es'puma de afej'tar]
máquina (f) de barbear	maquinilla (f) de afeitar	[maki'nija de afej'tar]
lavar (vt)	lavar (vt)	[lʲa'βar]
lavar-se (vr)	darse un baño	['darse un 'banjo]
duche (m)	ducha (f)	['duʧa]
tomar um duche	darse una ducha	['darse 'una 'duʧa]
banheira (f)	bañera (f)	[ba'njera]
sanita (f)	inodoro (m)	[ino'ðoro]
lavatório (m)	lavabo (m)	[lʲa'βaβo]
sabonete (m)	jabón (m)	[χa'βon]
saboneteira (f)	jabonera (f)	[χaβo'nera]
esponja (f)	esponja (f)	[es'ponχa]
champô (m)	champú (m)	[ʧam'pu]
toalha (f)	toalla (f)	[to'aja]
roupão (m) de banho	bata (f) de baño	['bata de 'banjo]
lavagem (f)	colada (f), lavado (m)	[ko'lʲaða], [lʲa'βaðo]
máquina (f) de lavar	lavadora (f)	[lʲaβa'ðora]

lavar a roupa	lavar la ropa	[lʲaˈβar lʲa ˈropa]
detergente (m)	detergente (m) en polvo	[deterˈxente en ˈpolʲβo]

68. Eletrodomésticos

televisor (m)	televisor (m)	[teleβiˈsor]
gravador (m)	magnetófono (m)	[maɣneˈtofono]
videogravador (m)	vídeo (m)	[ˈbiðeo]
rádio (m)	radio (m)	[ˈraðio]
leitor (m)	reproductor (m)	[reproðukˈtor]
projetor (m)	proyector (m) de vídeo	[projekˈtor de ˈbiðeo]
cinema (m) em casa	sistema (m) home cinema	[sisˈtema ˈxoum ˈθinema]
leitor (m) de DVD	reproductor (m) de DVD	reproðukˈtor de deβeˈde]
amplificador (m)	amplificador (m)	[amplifikaˈðor]
console (f) de jogos	videoconsola (f)	[biðeo-konˈsolʲa]
câmara (f) de vídeo	cámara (f) de vídeo	[ˈkamara de ˈbiðeo]
máquina (f) fotográfica	cámara (f) fotográfica	[ˈkamara fotoˈɣrafika]
câmara (f) digital	cámara (f) digital	[ˈkamara diχiˈtalʲ]
aspirador (m)	aspirador (m), aspiradora (f)	[aspiraˈðor], [aspiraˈðora]
ferro (m) de engomar	plancha (f)	[ˈplʲantʃa]
tábua (f) de engomar	tabla (f) de planchar	[ˈtaβlʲa de plʲanˈtʃar]
telefone (m)	teléfono (m)	[teˈlefono]
telemóvel (m)	teléfono (m) móvil	[teˈlefono ˈmoβilʲ]
máquina (f) de escrever	máquina (f) de escribir	[ˈmakina de eskriˈβir]
máquina (f) de costura	máquina (f) de coser	[ˈmakina de koˈser]
microfone (m)	micrófono (m)	[miˈkrofono]
auscultadores (m pl)	auriculares (m pl)	[aurikuˈlʲares]
controlo remoto (m)	mando (m) a distancia	[ˈmando a disˈtanθia]
CD (m)	disco compacto (m)	[ˈdisko komˈpakto]
cassete (f)	casete (m)	[kaˈsete]
disco (m) de vinil	disco (m) de vinilo	[ˈdisko de biˈnilʲo]

ATIVIDADES HUMANAS

Emprego. Negócios. Parte 1

69. Escritório. O trabalho no escritório

escritório (~ de advogados)	oficina (f)	[ofi'θina]
escritório (do diretor, etc.)	despacho (m)	[des'patʃo]
receção (f)	recepción (f)	[resep'θjon]
secretário (m)	secretario (m)	[sekre'tario]
secretária (f)	secretaria (f)	[sekre'taria]
diretor (m)	director (m)	[direk'tor]
gerente (m)	manager (m)	['meneχer]
contabilista (m)	contable (m)	[kon'taβle]
empregado (m)	colaborador (m)	[kolʲaβora'ðor]
mobiliário (m)	muebles (m pl)	[mu'eβles]
mesa (f)	escritorio (m)	[eskri'torio]
cadeira (f)	silla (f)	['sija]
bloco (m) de gavetas	cajonera (f)	[kaχo'nera]
cabide (m) de pé	perchero (m) de pie	[per'tʃero de pje]
computador (m)	ordenador (m)	[orðena'ðor]
impressora (f)	impresora (f)	[impre'sora]
fax (m)	fax (m)	['faks]
fotocopiadora (f)	fotocopiadora (f)	[foto·kopia'ðora]
papel (m)	papel (m)	[pa'pelʲ]
artigos (m pl) de escritório	papelería (f)	[papele'ria]
tapete (m) de rato	alfombrilla (f) para ratón	[alʲfom'brija 'para ra'ton]
folha (f) de papel	hoja (f)	['oχa]
pasta (f)	carpeta (f)	[kar'peta]
catálogo (m)	catálogo (m)	[ka'talʲogo]
diretório (f) telefónico	directorio (m) telefónico	[direk'torio tele'foniko]
documentação (f)	documentación (f)	[dokumenta'θjon]
brochura (f)	folleto (m)	[fo'jeto]
flyer (m)	prospecto (m)	[pros'pekto]
amostra (f)	muestra (f)	[mu'estra]
formação (f)	reunión (f) de formación	[reu'njon de forma'θjon]
reunião (f)	reunión (f)	[reu'njon]
hora (f) de almoço	pausa (f) del almuerzo	['pausa del almu'erθo]
fazer uma cópia	hacer una copia	[a'θer 'una 'kopia]
tirar cópias	hacer copias	[a'θer 'kopias]
receber um fax	recibir un fax	[reθi'βir un 'faks]
enviar um fax	enviar un fax	[em'bjar un 'faks]

fazer uma chamada	llamar por teléfono	[ja'mar por te'lefono]
responder (vt)	responder (vi, vt)	[respon'der]
passar (vt)	poner en comunicación	[po'ner en komunika'θjon]
marcar (vt)	fijar (vt)	[fi'xar]
demonstrar (vt)	demostrar (vt)	[demos'trar]
estar ausente	estar ausente	[es'tar au'sente]
ausência (f)	ausencia (f)	[au'senθia]

70. Processos negociais. Parte 1

negócio (m)	negocio (m), comercio (m)	[ne'goθio], [ko'merθio]
ocupação (f)	ocupación (f)	[okupa'θjon]
firma, empresa (f)	firma (f)	['firma]
companhia (f)	compañía (f)	[kompa'ɲia]
corporação (f)	corporación (f)	[korpora'θjon]
empresa (f)	empresa (f)	[em'presa]
agência (f)	agencia (f)	[a'xenθia]
acordo (documento)	acuerdo (m)	[aku'erðo]
contrato (m)	contrato (m)	[kon'trato]
acordo (transação)	trato (m), acuerdo (m)	['trato], [aku'erðo]
encomenda (f)	pedido (m)	[pe'ðiðo]
cláusulas (f pl), termos (m pl)	condición (f)	[kondi'θjon]
por grosso (adv)	al por mayor (adv)	[alʲ por ma'jor]
por grosso (adj)	al por mayor (adj)	[alʲ por ma'jor]
venda (f) por grosso	venta (f) al por mayor	['benta alʲ por ma'jor]
a retalho	al por menor (adj)	[alʲ por me'nor]
venda (f) a retalho	venta (f) al por menor	['benta alʲ por me'nor]
concorrente (m)	competidor (m)	[kompeti'ðor]
concorrência (f)	competencia (f)	[kompe'tenθia]
competir (vi)	competir (vi)	[kompe'tir]
sócio (m)	socio (m)	['soθio]
parceria (f)	sociedad (f)	[soθje'ðað]
crise (f)	crisis (f)	['krisis]
bancarrota (f)	bancarrota (f)	[baŋka'rota]
entrar em falência	ir a la bancarrota	[ir a lʲa baŋka'rota]
dificuldade (f)	dificultad (f)	[difikulʲ'tað]
problema (m)	problema (m)	[pro'βlema]
catástrofe (f)	catástrofe (f)	[ka'tastrofe]
economia (f)	economía (f)	[ekono'mia]
económico	económico (adj)	[eko'nomiko]
recessão (f) económica	recesión (f) económica	[rese'θjon eko'nomika]
objetivo (m)	meta (f)	['meta]
tarefa (f)	objetivo (m)	[oβxe'tiβo]
comerciar (vi, vt)	comerciar (vi)	[komer'θjar]
rede (de distribuição)	red (f)	[reð]

estoque (m)	existencias (f pl)	[eksis'tenθias]
sortimento (m)	surtido (m)	[sur'tiðo]

líder (m)	líder (m)	['liðer]
grande (~ empresa)	grande (adj)	['grande]
monopólio (m)	monopolio (m)	[mono'polio]

teoria (f)	teoría (f)	[teo'ria]
prática (f)	práctica (f)	['praktika]
experiência (falar por ~)	experiencia (f)	[ekspe'rjenθia]
tendência (f)	tendencia (f)	[ten'denθia]
desenvolvimento (m)	desarrollo (m)	[desa'rojo]

71. Processos negociais. Parte 2

rentabilidade (f)	rentabilidad (f)	[rentaβili'ðað]
rentável	rentable (adj)	[ren'taβle]

delegação (f)	delegación (f)	[delega'θjon]
salário, ordenado (m)	salario (m)	[sa'lʲario]
corrigir (um erro)	corregir (vt)	[kore'xir]
viagem (f) de negócios	viaje (m) de negocios	['bjaxe de ne'goθjos]
comissão (f)	comisión (f)	[komi'sjon]

controlar (vt)	controlar (vt)	[kontro'lʲar]
conferência (f)	conferencia (f)	[komfe'renθia]
licença (f)	licencia (f)	[li'θenθia]
confiável	fiable (adj)	['fjaβle]

empreendimento (m)	iniciativa (f)	[iniθja'tiβa]
norma (f)	norma (f)	['norma]
circunstância (f)	circunstancia (f)	[θirkuns'tanθia]
dever (m)	deber (m)	[de'βer]

empresa (f)	empresa (f)	[em'presa]
organização (f)	organización (f)	[organiθa'θjon]
organizado	organizado (adj)	[organi'θaðo]
anulação (f)	anulación (f)	[anulʲa'θjon]
anular, cancelar (vt)	anular (vt)	[anu'lʲar]
relatório (m)	informe (m)	[imˠ'forme]

patente (f)	patente (m)	[pa'tente]
patentear (vt)	patentar (vt)	[paten'tar]
planear (vt)	planear (vt)	[plʲane'ar]

prémio (m)	premio (m)	['premio]
profissional	profesional (adj)	[profesjo'nalʲ]
procedimento (m)	procedimiento (m)	[proθeði'mjento]

examinar (a questão)	examinar (vt)	[eksami'nar]
cálculo (m)	cálculo (m)	['kalʲkulʲo]
reputação (f)	reputación (f)	[reputa'θjon]
risco (m)	riesgo (m)	['rjesgo]
dirigir (~ uma empresa)	dirigir (vt)	[diri'xir]

informação (f)	información (f)	[imforma'θjon]
propriedade (f)	propiedad (f)	[propje'ðað]
união (f)	unión (f)	[u'njon]
seguro (m) de vida	seguro (m) de vida	[se'guro de 'biða]
fazer um seguro	asegurar (vt)	[asegu'rar]
seguro (m)	seguro (m)	[se'guro]
leilão (m)	subasta (f)	[su'βasta]
notificar (vt)	notificar (vt)	[notifi'kar]
gestão (f)	gestión (f)	[χes'tjon]
serviço (indústria de ~s)	servicio (m)	[ser'βiθio]
fórum (m)	foro (m)	['foro]
funcionar (vi)	funcionar (vi)	[funθjo'nar]
estágio (m)	etapa (f)	[e'tapa]
jurídico	jurídico (adj)	[χu'riðiko]
jurista (m)	jurista (m)	[χu'rista]

72. Produção. Trabalhos

usina (f)	planta (f)	['plʲanta]
fábrica (f)	fábrica (f)	['faβrika]
oficina (f)	taller (m)	[ta'jer]
local (m) de produção	planta (f) de producción	['plʲanta de proðuk'θjon]
indústria (f)	industria (f)	[in'dustria]
industrial	industrial (adj)	[indus'trjalʲ]
indústria (f) pesada	industria (f) pesada	[in'dustrja pe'saða]
indústria (f) ligeira	industria (f) ligera	[in'dustrja li'χera]
produção (f)	producción (f)	[proðuk'θjon]
produzir (vt)	producir (vt)	[proðu'θir]
matérias-primas (f pl)	materias (f pl) primas	[ma'terjas 'primas]
chefe (m) de brigada	jefe (m) de brigada	['χefe de bri'gaða]
brigada (f)	brigada (f)	[bri'gaða]
operário (m)	obrero (m)	[o'βrero]
dia (m) de trabalho	día (m) de trabajo	['dia de tra'βaχo]
pausa (f)	descanso (m)	[des'kanso]
reunião (f)	reunión (f)	[reu'njon]
discutir (vt)	discutir (vt)	[disku'tir]
plano (m)	plan (m)	[plʲan]
cumprir o plano	cumplir el plan	[kum'plir elʲ 'plʲan]
taxa (f) de produção	tasa (f) de producción	['tasa de proðuk'θjon]
qualidade (f)	calidad (f)	[kali'ðað]
controlo (m)	control (m)	[kon'trolʲ]
controlo (m) da qualidade	control (m) de calidad	[kon'trolʲ de kali'ðað]
segurança (f) no trabalho	seguridad (f) de trabajo	[seguri'ðað de tra'βaχo]
disciplina (f)	disciplina (f)	[diθi'plina]
infração (f)	infracción (f)	[imfrak'θjon]

violar (as regras)	violar, infringir (vt)	[bio'lʲar], [iɱfrin'xir]
greve (f)	huelga (f)	[u'elʲga]
grevista (m)	huelguista (m)	[uelʲ'gista]
estar em greve	estar en huelga	[es'tar en u'elʲga]
sindicato (m)	sindicato (m)	[sindi'kato]
inventar (vt)	inventar (vt)	[imben'tar]
invenção (f)	invención (f)	[imben'θjon]
pesquisa (f)	investigación (f)	[imbestiga'θjon]
melhorar (vt)	mejorar (vt)	[mexo'rar]
tecnologia (f)	tecnología (f)	[teknolʲo'xia]
desenho (m) técnico	dibujo (m) técnico	[di'βuxo 'tekniko]
carga (f)	cargamento (m)	[karga'mento]
carregador (m)	cargador (m)	[karga'ðor]
carregar (vt)	cargar (vt)	[kar'gar]
carregamento (m)	carga (f)	['karga]
descarregar (vt)	descargar (vt)	[deskar'gar]
descarga (f)	descarga (f)	[des'karga]
transporte (m)	transporte (m)	[trans'porte]
companhia (f) de transporte	compañía (f) de transporte	[kompa'njia de trans'porte]
transportar (vt)	transportar (vt)	[transpor'tar]
vagão (m) de carga	vagón (m)	[ba'ɣon]
cisterna (f)	cisterna (f)	[θis'terna]
camião (m)	camión (m)	[ka'mjon]
máquina-ferramenta (f)	máquina (f) herramienta	['makina era'mjenta]
mecanismo (m)	mecanismo (m)	[meka'nismo]
resíduos (m pl) industriais	desperdicios (m pl)	[desper'ðiθjos]
embalagem (f)	empaquetado (m)	[empake'taðo]
embalar (vt)	empaquetar (vt)	[empake'tar]

73. Contrato. Acordo

contrato (m)	contrato (m)	[kon'trato]
acordo (m)	acuerdo (m)	[aku'erðo]
adenda (f), anexo (m)	anexo (m)	[a'nekso]
assinar o contrato	firmar un contrato	[fir'mar un kon'trato]
assinatura (f)	firma (f)	['firma]
assinar (vt)	firmar (vt)	[fir'mar]
carimbo (m)	sello (m)	['sejo]
objeto (m) do contrato	objeto (m) del acuerdo	[oβ'xeto delʲ aku'erðo]
cláusula (f)	cláusula (f)	['klʲausulʲa]
partes (f pl)	partes (f pl)	['partes]
morada (f) jurídica	domicilio (m) legal	[domi'θilio le'galʲ]
violar o contrato	violar el contrato	[bio'lʲar elʲ kon'trato]
obrigação (f)	obligación (f)	[oβliga'θjon]
responsabilidade (f)	responsabilidad (f)	[responsaβili'ðað]

força (f) maior | fuerza (f) mayor | [fu'erθa ma'jor]
litígio (m), disputa (f) | disputa (f) | [dis'puta]
multas (f pl) | penalidades (f pl) | [penali'ðaðes]

74. Importação & Exportação

importação (f) | importación (f) | [importa'θjon]
importador (m) | importador (m) | [importa'ðor]
importar (vt) | importar (vt) | [impor'tar]
de importação | de importación (adj) | [de importa'θjon]

exportação (f) | exportación (f) | [eksporta'θjon]
exportador (m) | exportador (m) | [eksporta'ðor]
exportar (vt) | exportar (vt) | [ekspor'tar]
de exportação | de exportación (adj) | [de eksporta'θjon]

mercadoria (f) | mercancía (f) | [merkan'θia]
lote (de mercadorias) | lote (m) de mercancías | ['lʲote de merkan'θias]

peso (m) | peso (m) | ['peso]
volume (m) | volumen (m) | [bo'lʲumen]
metro (m) cúbico | metro (m) cúbico | ['metro 'kuβiko]

produtor (m) | productor (m) | [proðuk'tor]
companhia (f) de transporte | compañía (f) de transporte | [kompa'njia de trans'porte]
contentor (m) | contenedor (m) | [kontene'ðor]

fronteira (f) | frontera (f) | [fron'tera]
alfândega (f) | aduana (f) | [aðu'ana]
taxa (f) alfandegária | derechos (m pl) arancelarios | [de'retʃos aranθe'lʲarios]
funcionário (m) da alfândega | aduanero (m) | [aðua'nero]
contrabando (atividade) | contrabandismo (m) | [kontraβan'dismo]
contrabando (produtos) | contrabando (m) | [kontra'βando]

75. Finanças

ação (f) | acción (f) | [ak'θjon]
obrigação (f) | bono (m), obligación (f) | ['bono], [oβliga'θjon]
nota (f) promissória | letra (f) de cambio | ['letra de 'kambio]

bolsa (f) | bolsa (f) | ['bolʲsa]
cotação (m) das ações | cotización (f) de valores | [kotiθa'θjon de ba'lʲores]

tornar-se mais barato | abaratarse (vr) | [aβar'tarse]
tornar-se mais caro | encarecerse (vr) | [eŋkare'θerse]

parte (f) | parte (f) | ['parte]
participação (f) maioritária | interés (m) mayoritario | [inte'res majori'tario]

investimento (m) | inversiones (f pl) | [imber'sjones]
investir (vt) | invertir (vi, vt) | [imber'tir]
percentagem (f) | porcentaje (m) | [porθen'taxe]

juros (m pl)	interés (m)	[inte'res]
lucro (m)	beneficio (m)	[bene'fiθio]
lucrativo	beneficioso (adj)	[benefi'θjoso]
imposto (m)	impuesto (m)	[impu'esto]
divisa (f)	divisa (f)	[di'βisa]
nacional	nacional (adj)	[naθjo'nalʲ]
câmbio (m)	cambio (m)	['kambio]
contabilista (m)	contable (m)	[kon'taβle]
contabilidade (f)	contaduría (f)	[kontaðu'ria]
bancarrota (f)	bancarrota (f)	[baŋka'rota]
falência (f)	quiebra (f)	['kjeβra]
ruína (f)	ruina (f)	[ru'ina]
arruinar-se (vr)	arruinarse (vr)	[arui'narse]
inflação (f)	inflación (f)	[imflʲa'θjon]
desvalorização (f)	devaluación (f)	[deβalʲua'θjon]
capital (m)	capital (m)	[kapi'talʲ]
rendimento (m)	ingresos (m pl)	[in'gresos]
volume (m) de negócios	volumen (m) de negocio	[bo'lʲumen de ne'goθio]
recursos (m pl)	recursos (m pl)	[re'kursos]
recursos (m pl) financeiros	recursos (m pl) monetarios	[re'kursos mone'tarjos]
despesas (f pl) gerais	gastos (m pl) accesorios	['gastos akθe'sorjos]
reduzir (vt)	reducir (vt)	[reðu'θir]

76. Marketing

marketing (m)	mercadotecnia (f)	[merkaðo'teknia]
mercado (m)	mercado (m)	[mer'kaðo]
segmento (m) do mercado	segmento (m) del mercado	[seɣ'mento delʲ mer'kaðo]
produto (m)	producto (m)	[pro'ðukto]
mercadoria (f)	mercancía (f)	[merkan'θia]
marca (f)	marca (f)	['marka]
marca (f) comercial	marca (f) comercial	['marka komer'θjalʲ]
logotipo (m)	logotipo (m)	[lʲogo'tipo]
logo (m)	logo (m)	['lʲogo]
demanda (f)	demanda (f)	[de'manda]
oferta (f)	oferta (f)	[o'ferta]
necessidade (f)	necesidad (f)	[neθesi'ðað]
consumidor (m)	consumidor (m)	[konsumi'ðor]
análise (f)	análisis (m)	[a'nalisis]
analisar (vt)	analizar (vt)	[anali'θar]
posicionamento (m)	posicionamiento (m)	[posiθjona'mjento]
posicionar (vt)	posicionar (vt)	[posiθjo'nar]
preço (m)	precio (m)	['preθio]
política (f) de preços	política (f) de precios	[po'litika de 'preθjos]
formação (f) de preços	formación (f) de precios	[forma'θjon de 'preθjos]

77. Publicidade

publicidade (f)	publicidad (f)	[puβli'θi'ðað]
publicitar (vt)	publicitar (vt)	[puβliθi'tar]
orçamento (m)	presupuesto (m)	[presupu'esto]

anúncio (m) publicitário	anuncio (m)	[a'nunθio]
publicidade (f) televisiva	publicidad (f) televisiva	[puβliθi'ðað teleβi'siβa]
publicidade (f) na rádio	publicidad (f) radiofónica	[puβliθi'ðað raðjo'fonika]
publicidade (f) exterior	publicidad (f) exterior	[puβliθi'ðað ekste'rjor]

comunicação (f) de massa	medios (m pl) de comunicación de masas	['meðjos de komunika'θjon de 'masas]
periódico (m)	periódico (m)	[pe'rjoðiko]
imagem (f)	imagen (f)	[i'maχen]

slogan (m)	consigna (f)	[kon'signa]
mote (m), divisa (f)	divisa (f)	[di'βisa]

campanha (f)	campaña (f)	[kam'panja]
companha (f) publicitária	campaña (f) publicitaria	[kam'panja puβliθi'taria]
grupo (m) alvo	auditorio (m) objetivo	[auði'torio oβχe'tiβo]

cartão (m) de visita	tarjeta (f) de visita	[tar'χeta de bi'sita]
flyer (m)	prospecto (m)	[pros'pekto]
brochura (f)	folleto (m)	[fo'jeto]
folheto (m)	panfleto (m)	[paɱ'fleto]
boletim (~ informativo)	boletín (m)	[bole'tin]

letreiro (m)	letrero (m)	[le'trero]
cartaz, póster (m)	pancarta (f)	[paŋ'karta]
painel (m) publicitário	valla (f) publicitaria	['baja puβliθi'taria]

78. Banca

banco (m)	banco (m)	['baŋko]
sucursal, balcão (f)	sucursal (f)	[sukur'salʲ]

consultor (m)	consultor (m)	[konsulʲ'tor]
gerente (m)	gerente (m)	[χe'rente]

conta (f)	cuenta (f)	[ku'enta]
número (m) da conta	numero (m) de la cuenta	['numero de lʲa ku'enta]
conta (f) corrente	cuenta (f) corriente	[ku'enta ko'rjente]
conta (f) poupança	cuenta (f) de ahorros	[ku'enta de a'oros]

abrir uma conta	abrir una cuenta	[a'βrir una ku'enta]
fechar uma conta	cerrar la cuenta	[θe'rar lʲa ku'enta]
depositar na conta	ingresar en la cuenta	[ingre'sar en lʲa ku'enta]
levantar (vt)	sacar de la cuenta	[sa'kar de lʲa ku'enta]

depósito (m)	depósito (m)	[de'posito]
fazer um depósito	hacer un depósito	[a'θer un de'posito]

| transferência (f) bancária | giro (m) | [ˈχiro] |
| transferir (vt) | hacer un giro | [aˈθer un ˈχiro] |

| soma (f) | suma (f) | [ˈsuma] |
| Quanto? | ¿Cuánto? | [kuˈanto] |

| assinatura (f) | firma (f) | [ˈfirma] |
| assinar (vt) | firmar (vt) | [firˈmar] |

cartão (m) de crédito	tarjeta (f) de crédito	[tarˈχeta de ˈkreðito]
código (m)	código (m)	[ˈkoðigo]
número (m) do cartão de crédito	número (m) de tarjeta de crédito	[ˈnumero de tarˈχeta de ˈkreðito]
Caixa Multibanco (m)	cajero (m) automático	[kaˈχero autoˈmatiko]

cheque (m)	cheque (m)	[ˈtʃeke]
passar um cheque	sacar un cheque	[saˈkar un ˈtʃeke]
livro (m) de cheques	talonario (m)	[talʲoˈnario]

empréstimo (m)	crédito (m)	[ˈkreðito]
pedir um empréstimo	pedir el crédito	[peˈðir elʲ ˈkreðito]
obter um empréstimo	obtener un crédito	[oβteˈner un ˈkreðito]
conceder um empréstimo	conceder un crédito	[konθeˈðer un ˈkreðito]
garantia (f)	garantía (f)	[garanˈtia]

79. Telefone. Conversação telefónica

telefone (m)	teléfono (m)	[teˈlefono]
telemóvel (m)	teléfono (m) móvil	[teˈlefono ˈmoβilʲ]
secretária (f) electrónica	contestador (m)	[kontestaˈðor]

| fazer uma chamada | llamar, telefonear | [jaˈmar], [telefoneˈar] |
| chamada (f) | llamada (f) | [jaˈmaða] |

marcar um número	marcar un número	[marˈkar un ˈnumero]
Alô!	¿Sí?, ¿Dígame?	[si], [ˈdigame]
perguntar (vt)	preguntar (vt)	[pregunˈtar]
responder (vt)	responder (vi, vt)	[responˈder]

ouvir (vt)	oír (vt)	[oˈir]
bem	bien (adv)	[bjen]
mal	mal (adv)	[malʲ]
ruído (m)	ruidos (m pl)	[ruˈiðos]

auscultador (m)	auricular (m)	[aurikuˈlʲar]
pegar o telefone	descolgar (vt)	[deskolʲˈgar]
desligar (vi)	colgar el auricular	[kolʲˈgar elʲ aurikuˈlʲar]
ocupado	ocupado (adj)	[okuˈpaðo]
tocar (vi)	sonar (vi)	[soˈnar]
lista (f) telefónica	guía (f) de teléfonos	[ˈgia de teˈlefonos]

local	local (adj)	[lʲoˈkalʲ]
chamada (f) local	llamada (f) local	[jaˈmaða lʲoˈkalʲ]
de longa distância	de larga distancia	[de ˈlʲarga disˈtanθia]

chamada (f) de longa distância	llamada (f) de larga distancia	[jaˈmaða de ˈlʲarga disˈtanθia]
internacional	internacional (adj)	[internaθjoˈnalʲ]
chamada (f) internacional	llamada (f) internacional	[jaˈmaða internaθjoˈnalʲ]

80. Telefone móvel

telemóvel (m)	teléfono (m) móvil	[teˈlefono ˈmoβilʲ]
ecrã (m)	pantalla (f)	[panˈtaja]
botão (m)	botón (m)	[boˈton]
cartão SIM (m)	tarjeta SIM (f)	[tarˈχeta sim]
bateria (f)	pila (f)	[ˈpilʲa]
descarregar-se	descargarse (vr)	[deskarˈgarse]
carregador (m)	cargador (m)	[kargaˈðor]
menu (m)	menú (m)	[meˈnu]
definições (f pl)	preferencias (f pl)	[prefeˈrenθias]
melodia (f)	melodía (f)	[melʲoˈðia]
escolher (vt)	seleccionar (vt)	[selekθjoˈnar]
calculadora (f)	calculadora (f)	[kalʲkulʲaˈðora]
correio (m) de voz	contestador (m)	[kontestaˈðor]
despertador (m)	despertador (m)	[despertaˈðor]
contatos (m pl)	contactos (m pl)	[konˈtaktos]
mensagem (f) de texto	mensaje (m) de texto	[menˈsaχe de ˈteksto]
assinante (m)	abonado (m)	[aβoˈnaðo]

81. Estacionário

caneta (f)	bolígrafo (m)	[boˈliɣrafo]
caneta (f) tinteiro	pluma (f) estilográfica	[ˈplʲuma estilʲoˈɣrafika]
lápis (m)	lápiz (m)	[ˈlʲapiθ]
marcador (m)	marcador (m)	[markaˈðor]
caneta (f) de feltro	rotulador (m)	[rotulʲaˈðor]
bloco (m) de notas	bloc (m) de notas	[ˈblʲok de ˈnotas]
agenda (f)	agenda (f)	[aˈχenda]
régua (f)	regla (f)	[ˈreɣlʲa]
calculadora (f)	calculadora (f)	[kalʲkulʲaˈðora]
borracha (f)	goma (f) de borrar	[ˈgoma de boˈrar]
pionés (m)	chincheta (f)	[tʃinˈtʃeta]
clipe (m)	clip (m)	[klip]
cola (f)	cola (f), pegamento (m)	[ˈkolʲa], [pegaˈmento]
agrafador (m)	grapadora (f)	[grapaˈðora]
furador (m)	perforador (m)	[perforaˈðor]
afia-lápis (m)	sacapuntas (m)	[sakaˈpuntas]

82. Tipos de negócios

serviços (m pl) de contabilidade	contabilidad (f)	[kontaβili'ðað]
publicidade (f)	publicidad (f)	[puβliθi'ðað]
agência (f) de publicidade	agencia (f) de publicidad	[a'xenθja de puβliθi'ðað]
ar (m) condicionado	climatizadores (m pl)	[klimatiθa'ðores]
companhia (f) aérea	compañía (f) aérea	[kompa'njia a'erea]
bebidas (f pl) alcoólicas	bebidas (f pl) alcohólicas	[be'βiðas alʲko'olikas]
comércio (m) de antiguidades	antigüedad (f)	[antiɣue'ðað]
galeria (f) de arte	galería (f) de arte	[gale'ria de 'arte]
serviços (m pl) de auditoria	servicios (m pl) de auditoría	[ser'βiθjos de auðito'ria]
negócios (m pl) bancários	negocio (m) bancario	[ne'goθjo baŋ'kario]
bar (m)	bar (m)	[bar]
salão (m) de beleza	salón (m) de belleza	[sa'lʲon de be'jeθa]
livraria (f)	librería (f)	[liβre'ria]
cervejaria (f)	fábrica (f) de cerveza	['faβrika de θer'βeθa]
centro (m) de escritórios	centro (m) de negocios	['θentro de ne'goθjos]
escola (f) de negócios	escuela (f) de negocios	[esku'elʲa de ne'goθjos]
casino (m)	casino (m)	[ka'sino]
construção (f)	construcción (f)	[konstruk'θjon]
serviços (m pl) de consultoria	consultoría (f)	[konsulʲto'ria]
estomatologia (f)	estomatología (f)	[estomatolʲo'xia]
design (m)	diseño (m)	[di'senjo]
farmácia (f)	farmacia (f)	[far'maθia]
lavandaria (f)	tintorería (f)	[tintore'ria]
agência (f) de emprego	agencia (f) de empleo	[a'xenθja de em'pleo]
serviços (m pl) financeiros	servicios (m pl) financieros	[ser'βiθjos finan'θjeros]
alimentos (m pl)	productos alimenticios	[pro'ðuktos alimen'tiθjos]
agência (f) funerária	funeraria (f)	[fune'raria]
mobiliário (m)	muebles (m pl)	[mu'eβles]
roupa (f)	ropa (f)	['ropa]
hotel (m)	hotel (m)	[o'telʲ]
gelado (m)	helado (m)	[e'lʲaðo]
indústria (f)	industria (f)	[in'dustria]
seguro (m)	seguro (m)	[se'guro]
internet (f)	internet (m), red (f)	[inter'net], [reð]
investimento (m)	inversiones (f pl)	[imber'sjones]
joalheiro (m)	joyero (m)	[xo'jero]
joias (f pl)	joyería (f)	[xoje'ria]
lavandaria (f)	lavandería (f)	[lʲaβande'ria]
serviços (m pl) jurídicos	asesoría (f) jurídica	[aseso'ria xu'riðika]
indústria (f) ligeira	industria (f) ligera	[in'dustrja li'xera]
revista (f)	revista (f)	[re'βista]
vendas (f pl) por catálogo	venta (f) por catálogo	['benta por ka'talʲogo]
medicina (f)	medicina (f)	[meði'θina]
cinema (m)	cine (m)	['θine]

museu (m)	museo (m)	[mu'seo]
agência (f) de notícias	agencia (f) de información	[a'xenθja de imforma'θjon]
jornal (m)	periódico (m)	[pe'rjoðiko]
clube (m) noturno	club (m) nocturno	[klʲuβ nok'turno]
petróleo (m)	petróleo (m)	[pe'troleo]
serviço (m) de encomendas	servicio (m) de entrega	[ser'βiθjo de en'trega]
indústria (f) farmacêutica	industria (f) farmacéutica	[in'dustrja farma'θeutika]
poligrafia (f)	poligrafía (f)	[poliɣra'fia]
editora (f)	editorial (f)	[eðito'rjalʲ]
rádio (m)	radio (f)	['raðio]
imobiliário (m)	inmueble (m)	[inmu'eβle]
restaurante (m)	restaurante (m)	[restau'rante]
empresa (f) de segurança	agencia (f) de seguridad	[a'xenθja de seguri'ðað]
desporto (m)	deporte (m)	[de'porte]
bolsa (f)	bolsa (f) de comercio	['bolʲsa de ko'merθio]
loja (f)	tienda (f)	['tjenda]
supermercado (m)	supermercado (m)	[supermer'kaðo]
piscina (f)	piscina (f)	[pi'θina]
alfaiataria (f)	taller (m)	[ta'jer]
televisão (f)	televisión (f)	[teleβi'θjon]
teatro (m)	teatro (m)	[te'atro]
comércio (atividade)	comercio (m)	[ko'merθio]
serviços (m pl) de transporte	servicios de transporte	[ser'βiθjos de trans'porte]
viagens (f pl)	turismo (m)	[tu'rismo]
veterinário (m)	veterinario (m)	[beteri'nario]
armazém (m)	almacén (m)	[alʲma'θen]
recolha (f) do lixo	recojo (m) de basura	[re'koxo de ba'sura]

Emprego. Negócios. Parte 2

83. Espetáculo. Feira

feira (f)	exposición (f)	[eksposi'θjon]
feira (f) comercial	feria (f) comercial	['ferja komer'θjalʲ]
participação (f)	participación (f)	[partiθipa'θjon]
participar (vi)	participar (vi)	[partiθi'par]
participante (m)	participante (m)	[partiθi'pante]
diretor (m)	director (m)	[direk'tor]
direção (f)	dirección (f)	[direk'θjon]
organizador (m)	organizador (m)	[organiθa'ðor]
organizar (vt)	organizar (vt)	[organi'θar]
ficha (f) de inscrição	solicitud (f) de participación	[soliθi'tuð de partiθipa'θjon]
preencher (vt)	rellenar (vt)	[reje'nar]
detalhes (m pl)	detalles (m pl)	[de'tajes]
informação (f)	información (f)	[imforma'θjon]
preço (m)	precio (m)	['preθio]
incluindo	incluso (adj)	[iŋk'lʲuso]
incluir (vt)	incluir (vt)	[iŋklʲu'ir]
pagar (vt)	pagar (vi, vt)	[pa'gar]
taxa (f) de inscrição	cuota (f) de registro	[ku'ota de re'χistro]
entrada (f)	entrada (f)	[en'traða]
pavilhão (m)	pabellón (m)	[paβe'jon]
inscrever (vt)	registrar (vt)	[reχis'trar]
crachá (m)	tarjeta (f)	[tar'χeta]
stand (m)	stand (m) de feria	[stand de 'feria]
reservar (vt)	reservar (vt)	[reser'βar]
vitrina (f)	vitrina (f)	[bi'trina]
foco, spot (m)	lámpara (f)	['lʲampara]
design (m)	diseño (m)	[di'senjo]
pôr, colocar (vt)	poner (vt)	[po'ner]
ser colocado, -a	situarse (vr)	[situ'arse]
distribuidor (m)	distribuidor (m)	[distriβui'ðor]
fornecedor (m)	proveedor (m)	[proβee'ðor]
fornecer (vt)	suministrar (vt)	[suminis'trar]
país (m)	país (m)	[pa'is]
estrangeiro	extranjero (adj)	[ekstran'χero]
produto (m)	producto (m)	[pro'ðukto]
associação (f)	asociación (f)	[asoθja'θjon]

sala (f) de conferências	sala (f) de conferencias	['salʲa de komfe'renθias]
congresso (m)	congreso (m)	[kon'greso]
concurso (m)	concurso (m)	[ko'ŋkurso]
visitante (m)	visitante (m)	[bisi'tante]
visitar (vt)	visitar (vt)	[bisi'tar]
cliente (m)	cliente (m)	[kli'ente]

84. Ciência. Investigação. Cientistas

ciência (f)	ciencia (f)	['θjenθia]
científico	científico (adj)	[θjen'tifiko]
cientista (m)	científico (m)	[θjen'tifiko]
teoria (f)	teoría (f)	[teo'ria]
axioma (m)	axioma (m)	[aksi'oma]
análise (f)	análisis (m)	[a'nalisis]
analisar (vt)	analizar (vt)	[anali'θar]
argumento (m)	argumento (m)	[argu'mento]
substância (f)	sustancia (f)	[sus'tanθia]
hipótese (f)	hipótesis (f)	[i'potesis]
dilema (m)	dilema (m)	[di'lema]
tese (f)	tesis (f) de grado	['tesis de 'graðo]
dogma (m)	dogma (m)	['doɣma]
doutrina (f)	doctrina (f)	[dok'trina]
pesquisa (f)	investigación (f)	[imbestiga'θjon]
pesquisar (vt)	investigar (vt)	[imbesti'gar]
teste (m)	prueba (f)	[pru'eβa]
laboratório (m)	laboratorio (m)	[lʲaβora'torio]
método (m)	método (m)	['metoðo]
molécula (f)	molécula (f)	[mo'lekulʲa]
monitoramento (m)	seguimiento (m)	[segi'mjento]
descoberta (f)	descubrimiento (m)	[deskuβri'mjento]
postulado (m)	postulado (m)	[postu'lʲaðo]
princípio (m)	principio (m)	[prin'θipio]
prognóstico (previsão)	pronóstico (m)	[pro'nostiko]
prognosticar (vt)	pronosticar (vt)	[pronosti'kar]
síntese (f)	síntesis (f)	['sintesis]
tendência (f)	tendencia (f)	[ten'denθia]
teorema (m)	teorema (m)	[teo'rema]
ensinamentos (m pl)	enseñanzas (f pl)	[ense'njanθas]
facto (m)	hecho (m)	['etʃo]
expedição (f)	expedición (f)	[ekspeði'θjon]
experiência (f)	experimento (m)	[eksperi'mento]
académico (m)	académico (m)	[aka'ðemiko]
bacharel (m)	bachiller (m)	[batʃi'jer]
doutor (m)	doctorado (m)	[dokto'raðo]

docente (m)	docente (m)	[do'θente]
mestre (m)	Master (m)	['master]
professor (m) catedrático	profesor (m)	[profe'sor]

Profissões e ocupações

85. Procura de emprego. Demissão

trabalho (m)	trabajo (m)	[tra'βaχo]
equipa (f)	empleados (pl)	[emple'aðos]
pessoal (m)	personal (m)	[perso'nalʲ]
carreira (f)	carrera (f)	[ka'rera]
perspetivas (f pl)	perspectiva (f)	[perspek'tiβa]
mestria (f)	maestría (f)	[maes'tria]
seleção (f)	selección (f)	[selek'θjon]
agência (f) de emprego	agencia (f) de empleo	[a'χenθja de em'pleo]
CV, currículo (m)	curriculum vitae (m)	[ku'rikulʲum bi'tae]
entrevista (f) de emprego	entrevista (f)	[entre'βista]
vaga (f)	vacancia (f)	[ba'kanθia]
salário (m)	salario (m)	[sa'lʲario]
salário (m) fixo	salario (m) fijo	[sa'lʲario 'fiχo]
pagamento (m)	remuneración (f)	[remunera'θjon]
posto (m)	puesto (m)	[pu'esto]
dever (do empregado)	deber (m)	[de'βer]
gama (f) de deveres	gama (f) de deberes	['gama de de'βeres]
ocupado	ocupado (adj)	[oku'paðo]
despedir, demitir (vt)	despedir (vt)	[despe'ðir]
demissão (f)	despido (m)	[des'piðo]
desemprego (m)	desempleo (m)	[desem'pleo]
desempregado (m)	desempleado (m)	[desemple'aðo]
reforma (f)	jubilación (f)	[χuβilʲa'θjon]
reformar-se	jubilarse (vr)	[χuβi'lʲarse]

86. Gente de negócios

diretor (m)	director (m)	[direk'tor]
gerente (m)	gerente (m)	[χe'rente]
patrão, chefe (m)	jefe (m)	['χefe]
superior (m)	superior (m)	[supe'rjor]
superiores (m pl)	superiores (m pl)	[supe'rjores]
presidente (m)	presidente (m)	[presi'ðente]
presidente (m) de direção	presidente (m)	[presi'ðente]
substituto (m)	adjunto (m)	[að'χunto]
assistente (m)	asistente (m)	[asis'tente]

| secretário (m) | secretario (m), secretaria (f) | [sekre'tario], [sekre'taria] |
| secretário (m) pessoal | secretario (m) particular | [sekre'tarjo partiku'lʲar] |

homem (m) de negócios	hombre (m) de negocios	['ombre de ne'goθjos]
empresário (m)	emprendedor (m)	[emprende'ðor]
fundador (m)	fundador (m)	[funda'ðor]
fundar (vt)	fundar (vt)	[fun'dar]

fundador, sócio (m)	institutor (m)	[institu'tor]
parceiro, sócio (m)	socio (m)	['soθio]
acionista (m)	accionista (m)	[akθjo'nista]

milionário (m)	millonario (m)	[mijo'nario]
bilionário (m)	multimillonario (m)	[mulʲti·mijo'nario]
proprietário (m)	propietario (m)	[propje'tario]
proprietário (m) de terras	terrateniente (m)	[tera·te'njente]

cliente (m)	cliente (m)	[kli'ente]
cliente (m) habitual	cliente (m) habitual	[kli'ente aβitu'alʲ]
comprador (m)	comprador (m)	[kompra'ðor]
visitante (m)	visitante (m)	[bisi'tante]

profissional (m)	profesional (m)	[profesjo'nalʲ]
perito (m)	experto (m)	[eks'perto]
especialista (m)	especialista (m)	[espeθja'lista]

| banqueiro (m) | banquero (m) | [baŋ'kero] |
| corretor (m) | broker (m) | ['broker] |

caixa (m, f)	cajero (m)	[ka'xero]
contabilista (m)	contable (m)	[kon'taβle]
guarda (m)	guardia (m) de seguridad	[gu'arðja de seguri'ðað]

investidor (m)	inversionista (m)	[imbersjo'nista]
devedor (m)	deudor (m)	[deu'ðor]
credor (m)	acreedor (m)	[akree'ðor]
mutuário (m)	prestatario (m)	[presta'tario]

| importador (m) | importador (m) | [importa'ðor] |
| exportador (m) | exportador (m) | [eksporta'ðor] |

produtor (m)	productor (m)	[proðuk'tor]
distribuidor (m)	distribuidor (m)	[distriβui'ðor]
intermediário (m)	intermediario (m)	[interme'ðjario]

consultor (m)	asesor (m)	[ase'sor]
representante (m)	representante (m)	[represen'tante]
agente (m)	agente (m)	[a'xente]
agente (m) de seguros	agente (m) de seguros	[a'xente de se'guros]

87. Profissões de serviços

| cozinheiro (m) | cocinero (m) | [koθi'nero] |
| cozinheiro chefe (m) | jefe (m) de cocina | ['xefe de ko'θina] |

padeiro (m)	panadero (m)	[pana'ðero]
barman (m)	barman (m)	['barman]
empregado (m) de mesa	camarero (m)	[kama'rero]
empregada (f) de mesa	camarera (f)	[kama'rera]
advogado (m)	abogado (m)	[aβo'gaðo]
jurista (m)	jurista (m)	[χu'rista]
notário (m)	notario (m)	[no'tario]
eletricista (m)	electricista (m)	[elektri'θista]
canalizador (m)	fontanero (m)	[fonta'nero]
carpinteiro (m)	carpintero (m)	[karpin'tero]
massagista (m)	masajista (m)	[masa'χista]
massagista (f)	masajista (f)	[masa'χista]
médico (m)	médico (m)	['meðiko]
taxista (m)	taxista (m)	[ta'ksista]
condutor (automobilista)	chofer (m)	['ʧofer]
entregador (m)	repartidor (m)	[reparti'ðor]
camareira (f)	camarera (f)	[kama'rera]
guarda (m)	guardia (m) de seguridad	[gu'arðja de seguri'ðað]
hospedeira (f) de bordo	azafata (f)	[aθa'fata]
professor (m)	profesor (m)	[profe'sor]
bibliotecário (m)	bibliotecario (m)	[biβliote'kario]
tradutor (m)	traductor (m)	[traðuk'tor]
intérprete (m)	intérprete (m)	[in'terprete]
guia (pessoa)	guía (m)	['gia]
cabeleireiro (m)	peluquero (m)	[pelʲu'kero]
carteiro (m)	cartero (m)	[kar'tero]
vendedor (m)	vendedor (m)	[bende'ðor]
jardineiro (m)	jardinero (m)	[χarði'nero]
criado (m)	servidor (m)	[serβi'ðor]
criada (f)	criada (f)	[kri'aða]
empregada (f) de limpeza	mujer (f) de la limpieza	[mu'χer de lʲa lim'pjeθa]

88. Profissões militares e postos

soldado (m) raso	soldado (m) raso	[solʲ'ðaðo 'raso]
sargento (m)	sargento (m)	[sar'χento]
tenente (m)	teniente (m)	[te'njente]
capitão (m)	capitán (m)	[kapi'tan]
major (m)	mayor (m)	[ma'jor]
coronel (m)	coronel (m)	[koro'nelʲ]
general (m)	general (m)	[χene'ralʲ]
marechal (m)	mariscal (m)	[maris'kalʲ]
almirante (m)	almirante (m)	[alʲmi'rante]
militar (m)	militar (m)	[mili'tar]
soldado (m)	soldado (m)	[solʲ'ðaðo]

oficial (m)	oficial (m)	[ofi'θjalʲ]
comandante (m)	comandante (m)	[koman'dante]

guarda (m) fronteiriço	guardafronteras (m)	[guarða·fron'teras]
operador (m) de rádio	radio-operador (m)	['raðjo opera'ðor]
explorador (m)	explorador (m)	[eksplʲora'ðor]
sapador (m)	zapador (m)	[θapa'ðor]
atirador (m)	tirador (m)	[tira'ðor]
navegador (m)	navegador (m)	[naβega'ðor]

89. Oficiais. Padres

rei (m)	rey (m)	[rej]
rainha (f)	reina (f)	['rejna]

príncipe (m)	príncipe (m)	['prinθipe]
princesa (f)	princesa (f)	[prin'θesa]

czar (m)	zar (m)	[θar]
czarina (f)	zarina (f)	[θa'rina]

presidente (m)	presidente (m)	[presi'ðente]
ministro (m)	ministro (m)	[mi'nistro]
primeiro-ministro (m)	primer ministro (m)	[pri'mer mi'nistro]
senador (m)	senador (m)	[sena'ðor]

diplomata (m)	diplomático (m)	[diplʲo'matiko]
cônsul (m)	cónsul (m)	['konsulʲ]
embaixador (m)	embajador (m)	[embaχa'ðor]
conselheiro (m)	consejero (m)	[konse'χero]

funcionário (m)	funcionario (m)	[funθjo'nario]
prefeito (m)	prefecto (m)	[pre'fekto]
Presidente (m) da Câmara	alcalde (m)	[alʲ'kalʲde]

juiz (m)	juez (m)	[χu'eθ]
procurador (m)	fiscal (m)	[fis'kalʲ]

missionário (m)	misionero (m)	[misjo'nero]
monge (m)	monje (m)	['monχe]
abade (m)	abad (m)	[a'βað]
rabino (m)	rabino (m)	[ra'βino]

vizir (m)	visir (m)	[bi'sir]
xá (m)	sha, shah (m)	[ʃa]
xeque (m)	jeque (m)	['χeke]

90. Profissões agrícolas

apicultor (m)	apicultor (m)	[apikulʲ'tor]
pastor (m)	pastor (m)	[pas'tor]
agrónomo (m)	agrónomo (m)	[a'ɣronomo]

criador (m) de gado	ganadero (m)	[gana'ðero]
veterinário (m)	veterinario (m)	[beteri'nario]
agricultor (m)	granjero (m)	[gran'xero]
vinicultor (m)	vinicultor (m)	[binikulʲ'tor]
zoólogo (m)	zoólogo (m)	[θo'olʲogo]
cowboy (m)	vaquero (m)	[ba'kero]

91. Profissões artísticas

ator (m)	actor (m)	[ak'tor]
atriz (f)	actriz (f)	[ak'triθ]
cantor (m)	cantante (m)	[kan'tante]
cantora (f)	cantante (f)	[kan'tante]
bailarino (m)	bailarín (m)	[bajlʲa'rin]
bailarina (f)	bailarina (f)	[bajlʲa'rina]
artista (m)	artista (m)	[ar'tista]
artista (f)	artista (f)	[ar'tista]
músico (m)	músico (m)	['musiko]
pianista (m)	pianista (m)	[pja'nista]
guitarrista (m)	guitarrista (m)	[gita'rista]
maestro (m)	director (m) de orquesta	[direk'tor de or'kesta]
compositor (m)	compositor (m)	[komposi'tor]
empresário (m)	empresario (m)	[empre'sario]
realizador (m)	director (m) de cine	[direk'tor de 'θine]
produtor (m)	productor (m)	[proðuk'tor]
argumentista (m)	guionista (m)	[gijo'nista]
crítico (m)	crítico (m)	['kritiko]
escritor (m)	escritor (m)	[eskri'tor]
poeta (m)	poeta (m)	[po'eta]
escultor (m)	escultor (m)	[eskulʲ'tor]
pintor (m)	pintor (m)	[pin'tor]
malabarista (m)	malabarista (m)	[malʲaβa'rista]
palhaço (m)	payaso (m)	[pa'jaso]
acrobata (m)	acróbata (m)	[a'kroβata]
mágico (m)	ilusionista (m)	[ilʲusjo'nista]

92. Várias profissões

médico (m)	médico (m)	['meðiko]
enfermeira (f)	enfermera (f)	[eɱfer'mera]
psiquiatra (m)	psiquiatra (m)	[si'kjatra]
estomatologista (m)	dentista (m)	[den'tista]
cirurgião (m)	cirujano (m)	[θiru'xano]

Portuguese	Spanish	Pronunciation
astronauta (m)	astronauta (m)	[astro'nauta]
astrónomo (m)	astrónomo (m)	[as'tronomo]
piloto (m)	piloto (m)	[pi'lʲoto]
motorista (m)	conductor (m)	[konduk'tor]
maquinista (m)	maquinista (m)	[maki'nista]
mecânico (m)	mecánico (m)	[me'kaniko]
mineiro (m)	minero (m)	[mi'nero]
operário (m)	obrero (m)	[o'βrero]
serralheiro (m)	cerrajero (m)	[θera'xero]
marceneiro (m)	carpintero (m)	[karpin'tero]
torneiro (m)	tornero (m)	[tor'nero]
construtor (m)	albañil (m)	[alʲβa'njilʲ]
soldador (m)	soldador (m)	[solʲda'ðor]
professor (m) catedrático	profesor (m)	[profe'sor]
arquiteto (m)	arquitecto (m)	[arki'tekto]
historiador (m)	historiador (m)	[istorja'ðor]
cientista (m)	científico (m)	[θjen'tifiko]
físico (m)	físico (m)	['fisiko]
químico (m)	químico (m)	['kimiko]
arqueólogo (m)	arqueólogo (m)	[arke'olʲogo]
geólogo (m)	geólogo (m)	[xe'olʲogo]
pesquisador (cientista)	investigador (m)	[imbestiga'ðor]
babysitter (f)	niñera (f)	[ni'njera]
professor (m)	pedagogo (m)	[peða'gogo]
redator (m)	redactor (m)	[reðak'tor]
redator-chefe (m)	redactor jefe (m)	[reðak'tor 'xefe]
correspondente (m)	corresponsal (m)	[korespon'salʲ]
datilógrafa (f)	mecanógrafa (f)	[meka'noɣrafa]
designer (m)	diseñador (m)	[disenja'ðor]
especialista (m) em informática	especialista (m) en ordenadores	[espeθja'lista en orðena'ðores]
programador (m)	programador (m)	[proɣrama'ðor]
engenheiro (m)	ingeniero (m)	[inxe'njero]
marujo (m)	marino (m)	[ma'rino]
marinheiro (m)	marinero (m)	[mari'nero]
salvador (m)	socorrista (m)	[soko'rista]
bombeiro (m)	bombero (m)	[bom'bero]
polícia (m)	policía (m)	[poli'θia]
guarda-noturno (m)	vigilante (m) nocturno	[biçi'lʲante nok'turno]
detetive (m)	detective (m)	[detek'tiβe]
funcionário (m) da alfândega	aduanero (m)	[aðua'nero]
guarda-costas (m)	guardaespaldas (m)	[guarða·es'palʲdas]
guarda (m) prisional	guardia (m) de prisiones	[gu'arðja de pri'sjones]
inspetor (m)	inspector (m)	[inspek'tor]
desportista (m)	deportista (m)	[depor'tista]
treinador (m)	entrenador (m)	[entrena'ðor]

talhante (m)	carnicero (m)	[karni'θero]
sapateiro (m)	zapatero (m)	[θapa'tero]
comerciante (m)	comerciante (m)	[komer'θjante]
carregador (m)	cargador (m)	[karga'ðor]
estilista (m)	diseñador (m) de moda	[disenja'ðor de 'moða]
modelo (f)	modelo (f)	[mo'ðelʲo]

93. Ocupações. Estatuto social

aluno, escolar (m)	escolar (m)	[esko'lʲar]
estudante (~ universitária)	estudiante (m)	[estu'ðjante]
filósofo (m)	filósofo (m)	[fi'lʲosofo]
economista (m)	economista (m)	[ekono'mista]
inventor (m)	inventor (m)	[imben'tor]
desempregado (m)	desempleado (m)	[desemple'aðo]
reformado (m)	jubilado (m)	[χuβi'lʲaðo]
espião (m)	espía (m)	[es'pia]
preso (m)	prisionero (m)	[prisjo'nero]
grevista (m)	huelguista (m)	[uelʲ'gista]
burocrata (m)	burócrata (m)	[bu'rokrata]
viajante (m)	viajero (m)	[bja'χero]
homossexual (m)	homosexual (m)	[omoseksu'alʲ]
hacker (m)	hacker (m)	['aker]
hippie	hippie (m)	['χipi]
bandido (m)	bandido (m)	[ban'diðo]
assassino (m) a soldo	sicario (m)	[si'karjo]
toxicodependente (m)	drogadicto (m)	[droɣ·a'ðikto]
traficante (m)	narcotraficante (m)	[narko·trafi'kante]
prostituta (f)	prostituta (f)	[prosti'tuta]
chulo (m)	chulo (m), proxeneta (m)	['tʃulʲo], [prokse'neta]
bruxo (m)	brujo (m)	['bruχo]
bruxa (f)	bruja (f)	['bruχa]
pirata (m)	pirata (m)	[pi'rata]
escravo (m)	esclavo (m)	[es'klʲaβo]
samurai (m)	samurai (m)	[samu'raj]
selvagem (m)	salvaje (m)	[salʲ'βaχe]

Educação

94. Escola

escola (f)	escuela (f)	[esku'elʲa]
diretor (m) de escola	director (m) de escuela	[direk'tor de esku'elʲa]
aluno (m)	alumno (m)	[a'lʲumno]
aluna (f)	alumna (f)	[a'lʲumna]
escolar (m)	escolar (m)	[esko'lʲar]
escolar (f)	escolar (f)	[esko'lʲar]
ensinar (vt)	enseñar (vt)	[ense'njar]
aprender (vt)	aprender (vt)	[apren'der]
aprender de cor	aprender de memoria	[apren'der de me'moria]
estudar (vi)	aprender (vt)	[apren'der]
andar na escola	estar en la escuela	[es'tar en lʲa esku'elʲa]
ir à escola	ir a la escuela	[ir a lʲa esku'elʲa]
alfabeto (m)	alfabeto (m)	[alʲfa'βeto]
disciplina (f)	materia (f)	[ma'teria]
sala (f) de aula	aula (f)	[aulʲa]
lição (f)	lección (f)	[lek'θjon]
recreio (m)	recreo (m)	[re'kreo]
toque (m)	campana (f)	[kam'pana]
carteira (f)	pupitre (m)	[pu'pitre]
quadro (m) negro	pizarra (f)	[pi'θara]
nota (f)	nota (f)	['nota]
boa nota (f)	buena nota (f)	[bu'ena 'nota]
nota (f) baixa	mala nota (f)	['malʲa 'nota]
dar uma nota	poner una nota	[po'ner 'una 'nota]
erro (m)	falta (f)	['falʲta]
fazer erros	hacer faltas	[a'θer 'falʲtas]
corrigir (vt)	corregir (vt)	[kore'χir]
cábula (f)	chuleta (f)	[tʃu'leta]
dever (m) de casa	deberes (m pl) de casa	[de'βeres de 'kasa]
exercício (m)	ejercicio (m)	[eχer'θiθio]
estar presente	estar presente	[es'tar pre'sente]
estar ausente	estar ausente	[es'tar au'sente]
faltar às aulas	faltar a las clases	[falʲ'tar a lʲas 'klʲases]
punir (vt)	castigar (vt)	[kasti'gar]
punição (f)	castigo (m)	[kas'tigo]
comportamento (m)	conducta (f)	[kon'dukta]

boletim (m) escolar	libreta (f) de notas	[li'βreta de 'notas]
lápis (m)	lápiz (m)	['lʲapiθ]
borracha (f)	goma (f) de borrar	['goma de bo'rar]
giz (m)	tiza (f)	['tiθa]
estojo (m)	cartuchera (f)	[kartu'tʃera]
pasta (f) escolar	mochila (f)	[mo'tʃilʲa]
caneta (f)	bolígrafo (m)	[bo'liɣrafo]
caderno (m)	cuaderno (m)	[kua'ðerno]
manual (m) escolar	manual (m)	[manu'alʲ]
compasso (m)	compás (m)	[kom'pas]
traçar (vt)	trazar (vi, vt)	[tra'θar]
desenho (m) técnico	dibujo (m) técnico	[di'βuxo 'tekniko]
poesia (f)	poema (m), poesía (f)	[po'ema], [poe'sia]
de cor	de memoria (adv)	[de me'moria]
aprender de cor	aprender de memoria	[apren'der de me'moria]
férias (f pl)	vacaciones (f pl)	[baka'θjones]
estar de férias	estar de vacaciones	[es'tar de baka'θjones]
passar as férias	pasar las vacaciones	[pa'sar lʲas baka'θjones]
teste (m)	prueba (f) escrita	[pru'eβa es'krita]
composição, redação (f)	composición (f)	[komposi'θjon]
ditado (m)	dictado (m)	[dik'taðo]
exame (m)	examen (m)	[e'ksamen]
fazer exame	hacer un examen	[a'θer un e'ksamen]
experiência (~ química)	experimento (m)	[eksperi'mento]

95. Colégio. Universidade

academia (f)	academia (f)	[aka'ðemia]
universidade (f)	universidad (f)	[uniβersi'ðað]
faculdade (f)	facultad (f)	[fakulʲ'tað]
estudante (m)	estudiante (m)	[estu'ðjante]
estudante (f)	estudiante (f)	[estu'ðjante]
professor (m)	profesor (m)	[profe'sor]
sala (f) de palestras	aula (f)	['aulʲa]
graduado (m)	graduado (m)	[graðu'aðo]
diploma (m)	diploma (m)	[di'plʲoma]
tese (f)	tesis (f) de grado	['tesis de 'graðo]
estudo (obra)	estudio (m)	[es'tuðio]
laboratório (m)	laboratorio (m)	[lʲaβora'torio]
palestra (f)	clase (f)	['klʲase]
colega (m) de curso	compañero (m) de curso	[kompa'njero de 'kurso]
bolsa (f) de estudos	beca (f)	['beka]
grau (m) académico	grado (m) académico	['graðo aka'ðemiko]

96. Ciências. Disciplinas

matemática (f)	matemáticas (f pl)	[mate'matikas]
álgebra (f)	álgebra (f)	['alχeβra]
geometria (f)	geometría (f)	[χeome'tria]
astronomia (f)	astronomía (f)	[astrono'mia]
biologia (f)	biología (f)	[biolʲo'χia]
geografia (f)	geografía (f)	[χeoɣra'fia]
geologia (f)	geología (f)	[χeolʲo'χia]
história (f)	historia (f)	[is'toria]
medicina (f)	medicina (f)	[meði'θina]
pedagogia (f)	pedagogía (f)	[peðago'χia]
direito (m)	derecho (m)	[de'retʃo]
física (f)	física (f)	['fisika]
química (f)	química (f)	['kimika]
filosofia (f)	filosofía (f)	[filʲoso'fia]
psicologia (f)	psicología (f)	[sikolʲo'χia]

97. Sistema de escrita. Ortografia

gramática (f)	gramática (f)	[gra'matika]
vocabulário (m)	vocabulario (m)	[bokaβu'lʲario]
fonética (f)	fonética (f)	[fo'netika]
substantivo (m)	sustantivo (m)	[sustan'tiβo]
adjetivo (m)	adjetivo (m)	[aðχe'tiβo]
verbo (m)	verbo (m)	['berβo]
advérbio (m)	adverbio (m)	[að'βerβio]
pronome (m)	pronombre (m)	[pro'nombre]
interjeição (f)	interjección (f)	[interχek'θjon]
preposição (f)	preposición (f)	[preposi'θjon]
raiz (f) da palavra	raíz (f), radical (m)	[ra'iθ], [raði'kalʲ]
terminação (f)	desinencia (f)	[desi'nenθia]
prefixo (m)	prefijo (m)	[pre'fiχo]
sílaba (f)	sílaba (f)	['silʲaβa]
sufixo (m)	sufijo (m)	[su'fiχo]
acento (m)	acento (m)	[a'θento]
apóstrofo (m)	apóstrofo (m)	[a'postrofo]
ponto (m)	punto (m)	['punto]
vírgula (f)	coma (m)	['koma]
ponto e vírgula (m)	punto y coma	['punto i 'koma]
dois pontos (m pl)	dos puntos (m pl)	[dos 'puntos]
reticências (f pl)	puntos (m pl) suspensivos	['puntos suspen'siβos]
ponto (m) de interrogação	signo (m) de interrogación	['siɣno de interoga'θjon]
ponto (m) de exclamação	signo (m) de admiración	['siɣno de aðmira'θjon]

aspas (f pl)	comillas (f pl)	[ko'mijas]
entre aspas	entre comillas	['entre ko'mijas]
parênteses (m pl)	paréntesis (m)	[pa'rentesis]
entre parênteses	entre paréntesis	['entre pa'rentesis]
hífen (m)	guión (m)	[gi'jon]
travessão (m)	raya (f)	['raja]
espaço (m)	blanco (m)	['blʲaŋko]
letra (f)	letra (f)	['letra]
letra (f) maiúscula	letra (f) mayúscula	['letra ma'juskulʲa]
vogal (f)	vocal (f)	[bo'kalʲ]
consoante (f)	consonante (m)	[konso'nante]
frase (f)	oración (f)	[ora'θjon]
sujeito (m)	sujeto (m)	[su'χeto]
predicado (m)	predicado (m)	[preði'kaðo]
linha (f)	línea (f)	['linea]
em uma nova linha	en una nueva línea	[en 'una nu'eβa 'linea]
parágrafo (m)	párrafo (m)	['parafo]
palavra (f)	palabra (f)	[pa'lʲaβra]
grupo (m) de palavras	combinación (f) de palabras	[kombina'θjon de pa'lʲaβras]
expressão (f)	expresión (f)	[ekspre'θjon]
sinónimo (m)	sinónimo (m)	[si'nonimo]
antónimo (m)	antónimo (m)	[an'tonimo]
regra (f)	regla (f)	['reɣlʲa]
exceção (f)	excepción (f)	[ekθep'θjon]
correto	correcto (adj)	[ko'rekto]
conjugação (f)	conjugación (f)	[konχuga'θjon]
declinação (f)	declinación (f)	[deklina'θjon]
caso (m)	caso (m)	['kaso]
pergunta (f)	pregunta (f)	[pre'gunta]
sublinhar (vt)	subrayar (vt)	[suβra'jar]
linha (f) pontilhada	línea (f) de puntos	['linea de 'puntos]

98. Línguas estrangeiras

língua (f)	lengua (f)	['lengua]
estrangeiro	extranjero (adj)	[ekstran'χero]
língua (f) estrangeira	lengua (f) extranjera	['lengua ekstran'χera]
estudar (vt)	estudiar (vt)	[estu'ðjar]
aprender (vt)	aprender (vt)	[apren'der]
ler (vt)	leer (vi, vt)	[le'er]
falar (vi)	hablar (vi, vt)	[a'βlʲar]
compreender (vt)	comprender (vt)	[kompren'der]
escrever (vt)	escribir (vt)	[eskri'βir]
rapidamente	rápidamente (adv)	['rapiða'mente]
devagar	lentamente (adv)	[lenta'mente]

fluentemente	con fluidez (adv)	[kon flʲui'ðeθ]
regras (f pl)	reglas (f pl)	['reɣlʲas]
gramática (f)	gramática (f)	[gra'matika]
vocabulário (m)	vocabulario (m)	[bokaβu'lʲario]
fonética (f)	fonética (f)	[fo'netika]
manual (m) escolar	manual (m)	[manu'alʲ]
dicionário (m)	diccionario (m)	[dikθjo'nario]
manual (m) de autoaprendizagem	manual (m) autodidáctico	[manu'alʲ autoði'ðaktiko]
guia (m) de conversação	guía (f) de conversación	['gia de kombersa'θjon]
cassete (f)	casete (m)	[ka'sete]
vídeo cassete (m)	videocasete (f)	[biðeo·ka'sete]
CD (m)	disco compacto (m)	['disko kom'pakto]
DVD (m)	DVD (m)	[deβe'de]
alfabeto (m)	alfabeto (m)	[alʲfa'βeto]
soletrar (vt)	deletrear (vt)	[deletre'ar]
pronúncia (f)	pronunciación (f)	[pronunθja'θjon]
sotaque (m)	acento (m)	[a'θento]
com sotaque	con acento	[kon a'θento]
sem sotaque	sin acento	[sin a'θento]
palavra (f)	palabra (f)	[pa'lʲaβra]
sentido (m)	significado (m)	[siɣnifi'kaðo]
cursos (m pl)	cursos (m pl)	['kursos]
inscrever-se (vr)	inscribirse (vr)	[inskri'βirse]
professor (m)	profesor (m)	[profe'sor]
tradução (processo)	traducción (f)	[traðuk'θjon]
tradução (texto)	traducción (f)	[traðuk'θjon]
tradutor (m)	traductor (m)	[traðuk'tor]
intérprete (m)	intérprete (m)	[in'terprete]
poliglota (m)	políglota (m)	[po'liɣlʲota]
memória (f)	memoria (f)	[me'moria]

Descanso. Entretenimento. Viagens

99. Viagens

turismo (m)	turismo (m)	[tu'rismo]
turista (m)	turista (m)	[tu'rista]
viagem (f)	viaje (m)	['bjaxe]
aventura (f)	aventura (f)	[aβen'tura]
viagem (f)	viaje (m)	['bjaxe]
férias (f pl)	vacaciones (f pl)	[baka'θjones]
estar de férias	estar de vacaciones	[es'tar de baka'θjones]
descanso (m)	descanso (m)	[des'kanso]
comboio (m)	tren (m)	['tren]
de comboio (chegar ~)	en tren	[en 'tren]
avião (m)	avión (m)	[a'βjon]
de avião	en avión	[en a'βjon]
de carro	en coche	[en 'kotʃe]
de navio	en barco	[en 'barko]
bagagem (f)	equipaje (m)	[eki'paxe]
mala (f)	maleta (f)	[ma'leta]
carrinho (m)	carrito (m) de equipaje	[ka'rito de eki'paxe]
passaporte (m)	pasaporte (m)	[pasa'porte]
visto (m)	visado (m)	[bi'saðo]
bilhete (m)	billete (m)	[bi'jete]
bilhete (m) de avião	billete (m) de avión	[bi'jete de a'βjon]
guia (m) de viagem	guía (f)	['gia]
mapa (m)	mapa (m)	['mapa]
local (m), area (f)	área (f)	['area]
lugar, sítio (m)	lugar (m)	[lʲu'gar]
exotismo (m)	exotismo (m)	[ekso'tismo]
exótico	exótico (adj)	[e'ksotiko]
surpreendente	asombroso (adj)	[asom'broso]
grupo (m)	grupo (m)	['grupo]
excursão (f)	excursión (f)	[eskur'θjon]
guia (m)	guía (m)	['gia]

100. Hotel

hotel (m)	hotel (m)	[o'telʲ]
motel (m)	motel (m)	[mo'telʲ]
três estrelas	de tres estrellas	[de 'tres es'trejas]

cinco estrelas	de cinco estrellas	[de 'θiŋko es'trejas]
ficar (~ num hotel)	hospedarse (vr)	[ospe'ðarse]
quarto (m)	habitación (f)	[aβita'θjon]
quarto (m) individual	habitación (f) individual	[aβita'θjon indiβiðu'alʲ]
quarto (m) duplo	habitación (f) doble	[aβita'θjon 'doβle]
reservar um quarto	reservar una habitación	[reser'βar 'una aβita'θjon]
meia pensão (f)	media pensión (f)	['meðia pen'θjon]
pensão (f) completa	pensión (f) completa	[pen'θjon kom'pleta]
com banheira	con baño	[kon 'banjo]
com duche	con ducha	[kon 'dutʃa]
televisão (m) satélite	televisión (f) satélite	[teleβi'θjon sa'telite]
ar (m) condicionado	climatizador (m)	[klimatiθa'ðor]
toalha (f)	toalla (f)	[to'aja]
chave (f)	llave (f)	['jaβe]
administrador (m)	administrador (m)	[aðministra'ðor]
camareira (f)	camarera (f)	[kama'rera]
bagageiro (m)	maletero (m)	[male'tero]
porteiro (m)	portero (m)	[por'tero]
restaurante (m)	restaurante (m)	[restau'rante]
bar (m)	bar (m)	[bar]
pequeno-almoço (m)	desayuno (m)	[desa'juno]
jantar (m)	cena (f)	['θena]
buffet (m)	buffet (m) libre	[bu'fet 'liβre]
hall (m) de entrada	vestíbulo (m)	[bes'tiβulʲo]
elevador (m)	ascensor (m)	[aθen'sor]
NÃO PERTURBE	NO MOLESTAR	[no moles'tar]
PROIBIDO FUMAR!	PROHIBIDO FUMAR	[proi'βiðo fu'mar]

EQUIPAMENTO TÉCNICO. TRANSPORTES

Equipamento técnico

101. Computador

computador (m)	ordenador (m)	[orðena'ðor]
portátil (m)	ordenador (m) portátil	[orðena'ðor por'tatilʲ]
ligar (vt)	encender (vt)	[enθen'der]
desligar (vt)	apagar (vt)	[apa'gar]
teclado (m)	teclado (m)	[te'klʲaðo]
tecla (f)	tecla (f)	['teklʲa]
rato (m)	ratón (m)	[ra'ton]
tapete (m) de rato	alfombrilla (f) para ratón	[alʲfom'brija 'para ra'ton]
botão (m)	botón (m)	[bo'ton]
cursor (m)	cursor (m)	[kur'sor]
monitor (m)	monitor (m)	[moni'tor]
ecrã (m)	pantalla (f)	[pan'taja]
disco (m) rígido	disco (m) duro	['disko 'duro]
capacidade (f) do disco rígido	volumen (m) de disco duro	[bo'lʲumen de 'disko 'duro]
memória (f)	memoria (f)	[me'moria]
memória RAM (f)	memoria (f) operativa	[me'morja opera'tiβa]
ficheiro (m)	archivo, fichero (m)	[ar'tʃiβo], [fi'tʃero]
pasta (f)	carpeta (f)	[kar'peta]
abrir (vt)	abrir (vt)	[a'βrir]
fechar (vt)	cerrar (vt)	[θe'rar]
guardar (vt)	guardar (vt)	[guar'ðar]
apagar, eliminar (vt)	borrar (vt)	[bo'rar]
copiar (vt)	copiar (vt)	[ko'pjar]
ordenar (vt)	ordenar (vt)	[orðe'nar]
copiar (vt)	transferir (vt)	[transfe'rir]
programa (m)	programa (m)	[pro'ɣrama]
software (m)	software (m)	['sofwer]
programador (m)	programador (m)	[proɣrama'ðor]
programar (vt)	programar (vt)	[proɣra'mar]
hacker (m)	hacker (m)	['aker]
senha (f)	contraseña (f)	[kontra'senja]
vírus (m)	virus (m)	['birus]
detetar (vt)	detectar (vt)	[detek'tar]
byte (m)	octeto, byte (m)	[ok'teto], ['βajt]

megabyte (m)	megabyte (m)	[megaˈβajt]
dados (m pl)	datos (m pl)	[ˈdatos]
base (f) de dados	base (f) de datos	[ˈbase de ˈdatos]
cabo (m)	cable (m)	[ˈkaβle]
desconectar (vt)	desconectar (vt)	[deskonekˈtar]
conetar (vt)	conectar (vt)	[konekˈtar]

102. Internet. E-mail

internet (f)	internet (m), red (f)	[interˈnet], [reð]
browser (m)	navegador (m)	[naβegaˈðor]
motor (m) de busca	buscador (m)	[buskaˈðor]
provedor (m)	proveedor (m)	[proβeeˈðor]
webmaster (m)	webmaster (m)	[weβˈmaster]
website, sítio web (m)	sitio (m) web	[ˈsitio weβ]
página (f) web	página (f) web	[ˈpaχina weβ]
endereço (m)	dirección (f)	[direkˈθjon]
livro (m) de endereços	libro (m) de direcciones	[ˈliβro de direkˈθjones]
caixa (f) de correio	buzón (m)	[buˈθon]
correio (m)	correo (m)	[koˈreo]
cheia (caixa de correio)	lleno (adj)	[ˈjeno]
mensagem (f)	mensaje (m)	[menˈsaχe]
mensagens (f pl) recebidas	correo (m) entrante	[koˈreo enˈtrante]
mensagens (f pl) enviadas	correo (m) saliente	[koˈreo saˈljente]
remetente (m)	expedidor (m)	[ekspeðiˈðor]
enviar (vt)	enviar (vt)	[emˈbjar]
envio (m)	envío (m)	[emˈbio]
destinatário (m)	destinatario (m)	[destinaˈtario]
receber (vt)	recibir (vt)	[reθiˈβir]
correspondência (f)	correspondencia (f)	[korresponˈdenθia]
corresponder-se (vr)	escribirse con ...	[eskriˈβirse kon]
ficheiro (m)	archivo, fichero (m)	[arˈtʃiβo], [fiˈtʃero]
fazer download, baixar	descargar (vt)	[deskarˈgar]
criar (vt)	crear (vt)	[kreˈar]
apagar, eliminar (vt)	borrar (vt)	[boˈrar]
eliminado	borrado (adj)	[boˈraðo]
conexão (f)	conexión (f)	[konekˈθjon]
velocidade (f)	velocidad (f)	[beljoθiˈðað]
modem (m)	módem (m)	[ˈmoðem]
acesso (m)	acceso (m)	[akˈθeso]
porta (f)	puerto (m)	[puˈerto]
conexão (f)	conexión (f)	[konekˈθjon]
conetar (vi)	conectarse a ...	[konekˈtarse a]

escolher (vt)	seleccionar (vt)	[selekθjo'nar]
buscar (vt)	buscar (vt)	[bus'kar]

103. Eletricidade

eletricidade (f)	electricidad (f)	[elektriθi'ðað]
elétrico	eléctrico (adj)	[e'lektriko]
central (f) elétrica	central (f) eléctrica	[θen'tralʲ e'lektrika]
energia (f)	energía (f)	[ener'xia]
energia (f) elétrica	energía (f) eléctrica	[ener'xia e'lektrika]
lâmpada (f)	bombilla (f)	[bom'bija]
lanterna (f)	linterna (f)	[lin'terna]
poste (m) de iluminação	farola (f)	[fa'rolʲa]
luz (f)	luz (f)	[lʲuθ]
ligar (vt)	encender (vt)	[enθen'der]
desligar (vt)	apagar (vt)	[apa'gar]
apagar a luz	apagar la luz	[apa'gar lʲa lʲuθ]
fundir (vi)	quemarse (vr)	[ke'marse]
curto-circuito (m)	circuito (m) corto	[θir'kuito 'korto]
rutura (f)	ruptura (f)	[rup'tura]
contacto (m)	contacto (m)	[kon'takto]
interruptor (m)	interruptor (m)	[interup'tor]
tomada (f)	enchufe (m)	[en'tʃufe]
ficha (f)	clavija (f)	[klʲa'βixa]
extensão (f)	alargador (m)	[alʲarga'ðor]
fusível (m)	fusible (m)	[fu'siβle]
fio, cabo (m)	cable, hilo (m)	['kaβle], ['ilʲo]
instalação (f) elétrica	instalación (f) eléctrica	[instalʲa'θjon e'lektrika]
ampere (m)	amperio (m)	[am'perio]
amperagem (f)	amperaje (m)	[ampe'raxe]
volt (m)	voltio (m)	['bolʲtio]
voltagem (f)	voltaje (m)	[bolʲ'taxe]
aparelho (m) elétrico	aparato (m) eléctrico	[apa'rato e'lektriko]
indicador (m)	indicador (m)	[indika'ðor]
eletricista (m)	electricista (m)	[elektri'θista]
soldar (vt)	soldar (vt)	[solʲ'ðar]
ferro (m) de soldar	soldador (m)	[solʲda'ðor]
corrente (f) elétrica	corriente (f)	[ko'rjente]

104. Ferramentas

ferramenta (f)	instrumento (m)	[instru'mento]
ferramentas (f pl)	instrumentos (m pl),	[instru'mentos],
	herramientas (f pl)	[era'mjentas]

equipamento (m)	maquinaria (f)	[maki'naria]
martelo (m)	martillo (m)	[mar'tijo]
chave (f) de fendas	destornillador (m)	[destornija'ðor]
machado (m)	hacha (f)	['atʃa]

serra (f)	sierra (f)	['sjera]
serrar (vt)	serrar (vt)	[se'rar]
plaina (f)	cepillo (m)	[θe'pijo]
aplainar (vt)	cepillar (vt)	[θepi'jar]
ferro (m) de soldar	soldador (m)	[solʲda'ðor]
soldar (vt)	soldar (vt)	[solʲ'ðar]

lima (f)	lima (f)	['lima]
tenaz (f)	tenazas (f pl)	[te'naθas]
alicate (m)	alicates (m pl)	[ali'kates]
formão (m)	escoplo (m)	[es'koplʲo]

broca (f)	broca (f)	['broka]
berbequim (f)	taladro (m)	[ta'lʲaðro]
furar (vt)	taladrar (vi, vt)	[talʲa'ðrar]

faca (f)	cuchillo (m)	[ku'tʃijo]
canivete (m)	navaja (f)	[na'βaχa]
lâmina (f)	filo (m)	['filʲo]

afiado	agudo (adj)	[a'guðo]
cego	embotado (adj)	[embo'taðo]
embotar-se (vr)	embotarse (vr)	[embo'tarse]
afiar, amolar (vt)	afilar (vt)	[afi'lʲar]

parafuso (m)	perno (m)	['perno]
porca (f)	tuerca (f)	[tu'erka]
rosca (f)	filete (m)	[fi'lete]
parafuso (m) para madeira	tornillo (m)	[tor'nijo]

prego (m)	clavo (m)	['klʲaβo]
cabeça (f) do prego	cabeza (f) del clavo	[ka'βeθa delʲ 'klʲaβo]

régua (f)	regla (f)	['reɣlʲa]
fita (f) métrica	cinta (f) métrica	['θinta 'metrika]
nível (m)	nivel (m) de burbuja	[ni'βelʲ de bur'βuχa]
lupa (f)	lupa (f)	['lʲupa]

medidor (m)	aparato (m) de medida	[apa'rato de me'ðiða]
medir (vt)	medir (vt)	[me'ðir]
escala (f)	escala (f)	[es'kalʲa]
indicação (f), registo (m)	lectura (f)	[lek'tura]

compressor (m)	compresor (m)	[kompre'sor]
microscópio (m)	microscopio (m)	[mikros'kopio]

bomba (f)	bomba (f)	['bomba]
robô (m)	robot (m)	[ro'βot]
laser (m)	láser (m)	['lʲaser]
chave (f) de boca	llave (f) de tuerca	['jaβe de tu'erka]
fita (f) adesiva	cinta (f) adhesiva	['θinta aðe'siβa]

cola (f)	cola (f), pegamento (m)	['kolʲa], [pega'mento]
lixa (f)	papel (m) de lija	[pa'pelʲ de 'liχa]
mola (f)	resorte (m)	[re'sorte]
íman (m)	imán (m)	[i'man]
luvas (f pl)	guantes (m pl)	[gu'antes]
corda (f)	cuerda (f)	[ku'erða]
cordel (m)	cordón (m)	[kor'ðon]
fio (m)	hilo (m)	['ilʲo]
cabo (m)	cable (m)	['kaβle]
marreta (f)	almádana (f)	[alʲ'maðana]
pé de cabra (m)	barra (f)	['bara]
escada (f) de mão	escalera (f) portátil	[eska'lera por'tatilʲ]
escadote (m)	escalera (f) de tijera	[eska'lera de ti'χera]
enroscar (vt)	atornillar (vt)	[atorni'jar]
desenroscar (vt)	destornillar (vt)	[destorni'jar]
apertar (vt)	apretar (vt)	[apre'tar]
colar (vt)	pegar (vt)	[pe'gar]
cortar (vt)	cortar (vt)	[kor'tar]
falha (mau funcionamento)	fallo (m)	['fajo]
conserto (m)	reparación (f)	[repara'θjon]
consertar, reparar (vt)	reparar (vt)	[repa'rar]
regular, ajustar (vt)	regular, ajustar (vt)	[regu'lʲar], [aχus'tar]
verificar (vt)	verificar (vt)	[berifi'kar]
verificação (f)	control (m)	[kon'trolʲ]
indicação (f), registo (m)	lectura (f)	[lek'tura]
seguro	fiable (adj)	['fjaβle]
complicado	complicado (adj)	[kompli'kaðo]
enferrujar (vi)	oxidarse (vr)	[oksi'ðarse]
enferrujado	oxidado (adj)	[oksi'ðaðo]
ferrugem (f)	óxido (m)	['oksiðo]

Transportes

105. Avião

avião (m)	avión (m)	[a'βjon]
bilhete (m) de avião	billete (m) de avión	[bi'jete de a'βjon]
companhia (f) aérea	compañía (f) aérea	[kompa'njia a'erea]
aeroporto (m)	aeropuerto (m)	[aeropu'erto]
supersónico	supersónico (adj)	[super'soniko]
comandante (m) do avião	comandante (m)	[koman'dante]
tripulação (f)	tripulación (f)	[tripulʲa'θjon]
piloto (m)	piloto (m)	[pi'lʲoto]
hospedeira (f) de bordo	azafata (f)	[aθa'fata]
copiloto (m)	navegador (m)	[naβega'ðor]
asas (f pl)	alas (f pl)	['alʲas]
cauda (f)	cola (f)	['kolʲa]
cabine (f) de pilotagem	cabina (f)	[ka'βina]
motor (m)	motor (m)	[mo'tor]
trem (m) de aterragem	tren (m) de aterrizaje	['tren de ateri'θaxe]
turbina (f)	turbina (f)	[tur'βina]
hélice (f)	hélice (f)	['eliθe]
caixa-preta (f)	caja (f) negra	['kaχa 'neɣra]
coluna (f) de controlo	timón (f)	[ti'mon]
combustível (m)	combustible (m)	[kombus'tiβle]
instruções (f pl) de segurança	instructivo (m) de seguridad	[instruk'tiβo de seguri'ðað]
máscara (f) de oxigénio	respirador (m) de oxígeno	[respira'ðor de o'ksiχeno]
uniforme (m)	uniforme (m)	[uni'forme]
colete (m) salva-vidas	chaleco (m) salvavidas	[tʃa'leko salʲβa'βiðas]
paraquedas (m)	paracaídas (m)	[paraka'iðas]
descolagem (f)	despegue (m)	[des'pege]
descolar (vi)	despegar (vi)	[despe'gar]
pista (f) de descolagem	pista (f) de despegue	['pista de des'pege]
visibilidade (f)	visibilidad (f)	[bisiβili'ðað]
voo (m)	vuelo (m)	[bu'elʲo]
altura (f)	altura (f)	[alʲ'tura]
poço (m) de ar	pozo (m) de aire	['poθo de 'aire]
assento (m)	asiento (m)	[a'sjento]
auscultadores (m pl)	auriculares (m pl)	[auriku'lʲares]
mesa (f) rebatível	mesita (f) plegable	[me'sita ple'gaβle]
vigia (f)	ventana (f)	[ben'tana]
passagem (f)	pasillo (m)	[pa'sijo]

106. Comboio

comboio (m)	tren (m)	['tren]
comboio (m) suburbano	tren (m) de cercanías	['tren de θerka'nias]
comboio (m) rápido	tren (m) rápido	['tren 'rapiðo]
locomotiva (f) diesel	locomotora (f) diésel	[lʲokomo'tora 'djeselʲ]
locomotiva (f) a vapor	tren (m) de vapor	['tren de ba'por]
carruagem (f)	coche (m)	['kotʃe]
carruagem restaurante (f)	coche restaurante (m)	['kotʃe restau'rante]
carris (m pl)	rieles (m pl)	['rjeles]
caminho de ferro (m)	ferrocarril (m)	[feroka'rilʲ]
travessa (f)	traviesa (f)	[tra'βjesa]
plataforma (f)	plataforma (f)	[plʲata'forma]
linha (f)	vía (f)	['bia]
semáforo (m)	semáforo (m)	[se'maforo]
estação (f)	estación (f)	[esta'θjon]
maquinista (m)	maquinista (m)	[maki'nista]
bagageiro (m)	maletero (m)	[male'tero]
hospedeiro, -a (da carruagem)	mozo (m) del vagón	['moθo delʲ ba'ɣon]
passageiro (m)	pasajero (m)	[pasa'xero]
revisor (m)	revisor (m)	[reβi'sor]
corredor (m)	corredor (m)	[kore'ðor]
freio (m) de emergência	freno (m) de urgencia	['freno de ur'xenθia]
compartimento (m)	compartimiento (m)	[komparti'mjento]
cama (f)	litera (f)	[li'tera]
cama (f) de cima	litera (f) de arriba	[li'tera de a'riβa]
cama (f) de baixo	litera (f) de abajo	[li'tera de a'βaxo]
roupa (f) de cama	ropa (f) de cama	['ropa de 'kama]
bilhete (m)	billete (m)	[bi'jete]
horário (m)	horario (m)	[o'rario]
painel (m) de informação	pantalla (f) de información	[pan'taja de imforma'θjon]
partir (vt)	partir (vi)	[par'tir]
partida (f)	partida (f)	[par'tiða]
chegar (vi)	llegar (vi)	[je'gar]
chegada (f)	llegada (f)	[je'gaða]
chegar de comboio	llegar en tren	[je'gar en 'tren]
apanhar o comboio	tomar el tren	[to'mar elʲ 'tren]
sair do comboio	bajar del tren	[ba'xar delʲ 'tren]
acidente (m) ferroviário	descarrilamiento (m)	[deskarilʲa'mjento]
descarrilar (vi)	descarrilarse (vr)	[deskari'lʲarse]
locomotiva (f) a vapor	tren (m) de vapor	['tren de ba'por]
fogueiro (m)	fogonero (m)	[fogo'nero]
fornalha (f)	hogar (m)	[o'gar]
carvão (m)	carbón (m)	[kar'βon]

107. Barco

navio (m)	barco, buque (m)	['barko], ['buke]
embarcação (f)	navío (m)	[na'βio]

vapor (m)	buque (m) de vapor	['buke de ba'por]
navio (m)	motonave (f)	[moto'naβe]
transatlântico (m)	trasatlántico (m)	[trasat'lʲantiko]
cruzador (m)	crucero (m)	[kru'θero]

iate (m)	yate (m)	['jate]
rebocador (m)	remolcador (m)	[remolʲka'ðor]
barcaça (f)	barcaza (f)	[bar'kaθa]
ferry (m)	ferry (m)	['feri]

veleiro (m)	velero (m)	[be'lero]
bergantim (m)	bergantín (m)	[bergan'tin]

quebra-gelo (m)	rompehielos (m)	[rompe·'jelʲos]
submarino (m)	submarino (m)	[suβma'rino]

bote, barco (m)	bote (m)	['bote]
bote, dingue (m)	bote (m)	['bote]
bote (m) salva-vidas	bote (m) salvavidas	['bote salʲβa'βiðas]
lancha (f)	lancha (f) motora	['lʲantʃa mo'tora]

capitão (m)	capitán (m)	[kapi'tan]
marinheiro (m)	marinero (m)	[mari'nero]
marujo (m)	marino (m)	[ma'rino]
tripulação (f)	tripulación (f)	[tripulʲa'θjon]

contramestre (m)	contramaestre (m)	[kontrama'estre]
grumete (m)	grumete (m)	[gru'mete]
cozinheiro (m) de bordo	cocinero (m) de abordo	[koθi'nero de a'βorðo]
médico (m) de bordo	médico (m) del buque	['meðiko delʲ 'buke]

convés (m)	cubierta (f)	[ku'βjerta]
mastro (m)	mástil (m)	['mastilʲ]
vela (f)	vela (f)	['belʲa]

porão (m)	bodega (f)	[bo'ðega]
proa (f)	proa (f)	['proa]
popa (f)	popa (f)	['popa]
remo (m)	remo (m)	['remo]
hélice (f)	hélice (f)	['eliθe]

camarote (m)	camarote (m)	[kama'rote]
sala (f) dos oficiais	sala (f) de oficiales	['salʲa de ofi'θjales]
sala (f) das máquinas	sala (f) de máquinas	['salʲa de 'makinas]
ponte (m) de comando	puente (m) de mando	[pu'ente de 'mando]
sala (f) de comunicações	sala (f) de radio	['salʲa de 'raðio]
onda (f) de rádio	onda (f)	['onda]
diário (m) de bordo	cuaderno (m) de bitácora	[kua'ðerno de bi'takora]
luneta (f)	anteojo (m)	[ante'oxo]
sino (m)	campana (f)	[kam'pana]

bandeira (f)	bandera (f)	[ban'dera]
cabo (m)	cabo (m)	['kaβo]
nó (m)	nudo (m)	['nuðo]
corrimão (m)	pasamano (m)	[pasa'mano]
prancha (f) de embarque	pasarela (f)	[pasa'relʲa]
âncora (f)	ancla (f)	['aŋklʲa]
recolher a âncora	levar ancla	[le'βar 'aŋklʲa]
lançar a âncora	echar ancla	[e'tʃar 'aŋklʲa]
amarra (f)	cadena (f) del ancla	[ka'ðena delʲ 'aŋklʲa]
porto (m)	puerto (m)	[pu'erto]
cais, amarradouro (m)	embarcadero (m)	[embarka'ðero]
atracar (vi)	amarrar (vt)	[ama'rar]
desatracar (vi)	desamarrar (vt)	[desama'rar]
viagem (f)	viaje (m)	['bjaxe]
cruzeiro (m)	crucero (m)	[kru'θero]
rumo (m), rota (f)	derrota (f)	[de'rota]
itinerário (m)	itinerario (m)	[itine'rario]
canal (m) navegável	canal (m) navegable	[ka'nalʲ naβe'gaβle]
banco (m) de areia	bajío (m)	[ba'xio]
encalhar (vt)	encallar (vi)	[eŋka'jar]
tempestade (f)	tempestad (f)	[tempes'tað]
sinal (m)	señal (f)	[se'njalʲ]
afundar-se (vr)	hundirse (vr)	[un'dirse]
Homem ao mar!	¡Hombre al agua!	['ombre alʲ 'agua]
SOS	SOS	['ese o 'ese]
boia (f) salva-vidas	aro (m) salvavidas	['aro salʲβa'βiðas]

108. Aeroporto

aeroporto (m)	aeropuerto (m)	[aeropu'erto]
avião (m)	avión (m)	[a'βjon]
companhia (f) aérea	compañía (f) aérea	[kompa'njia a'erea]
controlador (m) de tráfego aéreo	controlador (m) aéreo	[kontrolʲa'ðor a'ereo]
partida (f)	despegue (m)	[des'pege]
chegada (f)	llegada (f)	[je'gaða]
chegar (~ de avião)	llegar (vi)	[je'gar]
hora (f) de partida	hora (f) de salida	['ora de sa'liða]
hora (f) de chegada	hora (f) de llegada	['ora de je'gaða]
estar atrasado	retrasarse (vr)	[retra'sarse]
atraso (m) de voo	retraso (m) de vuelo	[re'traso de bu'elʲo]
painel (m) de informação	pantalla (f) de información	[pan'taja de imforma'θjon]
informação (f)	información (f)	[imforma'θjon]
anunciar (vt)	anunciar (vt)	[anun'θjar]

voo (m)	vuelo (m)	[bu'elʲo]
alfândega (f)	aduana (f)	[aðu'ana]
funcionário (m) da alfândega	aduanero (m)	[aðua'nero]
declaração (f) alfandegária	declaración (f) de aduana	[deklʲara'θjon de aðu'ana]
preencher (vt)	rellenar (vt)	[reje'nar]
preencher a declaração	rellenar la declaración	[reje'nar lʲa deklʲara'θjon]
controlo (m) de passaportes	control (m) de pasaportes	[kon'trolʲ de pasa'portes]
bagagem (f)	equipaje (m)	[eki'paχe]
bagagem (f) de mão	equipaje (m) de mano	[eki'paχe de 'mano]
carrinho (m)	carrito (m) de equipaje	[ka'rito de eki'paχe]
aterragem (f)	aterrizaje (m)	[ateri'θaχe]
pista (f) de aterragem	pista (f) de aterrizaje	['pista de ateri'θaχe]
aterrar (vi)	aterrizar (vi)	[ateri'θar]
escada (f) de avião	escaleras (f pl)	[eska'leras]
check-in (m)	facturación (f), check-in (m)	[faktura'θjon], [ʧek·'in]
balcão (m) do check-in	mostrador (m) de facturación	[mostra'ðor de faktura'θjon]
fazer o check-in	hacer el check-in	[a'θer elʲ ʧek·'in]
cartão (m) de embarque	tarjeta (f) de embarque	[tar'χeta de em'barke]
porta (f) de embarque	puerta (f) de embarque	[pu'erta de em'barke]
trânsito (m)	tránsito (m)	['transito]
esperar (vi, vt)	esperar (vt)	[espe'rar]
sala (f) de espera	zona (f) de preembarque	['θona de preem'barke]
despedir-se de ...	despedir (vt)	[despe'ðir]
despedir-se (vr)	despedirse (vr)	[despe'ðirse]

Eventos

109. Férias. Evento

festa (f)	fiesta (f)	['fjesta]
festa (f) nacional	fiesta (f) nacional	['fjesta naθjo'nalʲ]
feriado (m)	día (m) de fiesta	['dia de 'fjesta]
festejar (vt)	celebrar (vt)	[θele'βrar]
evento (festa, etc.)	evento (m)	[e'βento]
evento (banquete, etc.)	medida (f)	[me'ðiða]
banquete (m)	banquete (m)	[baŋ'kete]
receção (f)	recepción (f)	[resep'θjon]
festim (m)	festín (m)	[fes'tin]
aniversário (m)	aniversario (m)	[aniβer'sario]
jubileu (m)	jubileo (m)	[χuβi'leo]
Ano (m) Novo	Año (m) Nuevo	['anjo nu'eβo]
Feliz Ano Novo!	¡Feliz Año Nuevo!	[fe'liθ 'anjo nu'eβo]
Pai (m) Natal	Papá Noel (m)	[pa'pa no'elʲ]
Natal (m)	Navidad (f)	[naβi'ðað]
Feliz Natal!	¡Feliz Navidad!	[fe'liθ naβi'ðað]
árvore (f) de Natal	árbol (m) de Navidad	['arβolʲ de naβi'ðað]
fogo (m) de artifício	fuegos (m pl) artificiales	[fu'egos artifi'θjales]
boda (f)	boda (f)	['boða]
noivo (m)	novio (m)	['noβio]
noiva (f)	novia (f)	['noβia]
convidar (vt)	invitar (vt)	[imbi'tar]
convite (m)	tarjeta (f) de invitación	[tar'χeta de imbita'θjon]
convidado (m)	invitado (m)	[imbi'taðo]
visitar (vt)	visitar (vt)	[bisi'tar]
receber os hóspedes	recibir a los invitados	[reθi'βir a los imbi'taðos]
presente (m)	regalo (m)	[re'galʲo]
oferecer (vt)	regalar (vt)	[rega'lʲar]
receber presentes	recibir regalos	[reθi'βir re'galʲos]
ramo (m) de flores	ramo (m) de flores	['ramo de 'flʲores]
felicitações (f pl)	felicitación (f)	[feliθita'θjon]
felicitar (dar os parabéns)	felicitar (vt)	[feliθi'tar]
cartão (m) de parabéns	tarjeta (f) de felicitación	[tar'χeta de feliθita'θjon]
enviar um postal	enviar una tarjeta	[em'bjar 'una tar'χeta]
receber um postal	recibir una tarjeta	[reθi'βir 'una tar'χeta]
brinde (m)	brindis (m)	['brindis]

oferecer (vt)	ofrecer (vt)	[ofre'θer]
champanhe (m)	champaña (f)	[tʃam'panja]
divertir-se (vr)	divertirse (vr)	[diβer'tirse]
diversão (f)	diversión (f)	[diβer'sjon]
alegria (f)	alegría (f)	[ale'ɣria]
dança (f)	baile (m)	['bajle]
dançar (vi)	bailar (vi, vt)	[baj'lʲar]
valsa (f)	vals (m)	[balʲs]
tango (m)	tango (m)	['tango]

110. Funerais. Enterro

cemitério (m)	cementerio (m)	[θemen'terio]
sepultura (f), túmulo (m)	tumba (f)	['tumba]
cruz (f)	cruz (f)	[kruθ]
lápide (f)	lápida (f)	['lʲapiða]
cerca (f)	verja (f)	['berχa]
capela (f)	capilla (f)	[ka'pija]
morte (f)	muerte (f)	[mu'erte]
morrer (vi)	morir (vi)	[mo'rir]
defunto (m)	difunto (m)	[di'funto]
luto (m)	luto (m)	['lʲuto]
enterrar, sepultar (vt)	enterrar (vt)	[ente'rar]
agência (f) funerária	funeraria (f)	[fune'raria]
funeral (m)	entierro (m)	[en'tjero]
coroa (f) de flores	corona (f) funeraria	[ko'rona fune'raria]
caixão (m)	ataúd (m)	[ata'uð]
carro (m) funerário	coche (m) fúnebre	['kotʃe 'funeβre]
mortalha (f)	mortaja (f)	[mor'taχa]
procissão (f) funerária	cortejo (m) fúnebre	[kor'teχo 'funeβre]
urna (f) funerária	urna (f) funeraria	['urna fune'raria]
crematório (m)	crematorio (m)	[krema'torio]
obituário (m), necrologia (f)	necrología (f)	[nekrolʲo'χia]
chorar (vi)	llorar (vi)	[jo'rar]
soluçar (vi)	sollozar (vi)	[sojo'θar]

111. Guerra. Soldados

pelotão (m)	sección (f)	[sek'θjon]
companhia (f)	compañía (f)	[kompa'njia]
regimento (m)	regimiento (m)	[reχi'mjento]
exército (m)	ejército (m)	[e'χerθito]
divisão (f)	división (f)	[diβi'θjon]
destacamento (m)	destacamento (m)	[destaka'mento]

hoste (f)	hueste (f)	[u'este]
soldado (m)	soldado (m)	[solʲ'ðaðo]
oficial (m)	oficial (m)	[ofi'θjalʲ]

soldado (m) raso	soldado (m) raso	[solʲ'ðaðo 'raso]
sargento (m)	sargento (m)	[sar'χento]
tenente (m)	teniente (m)	[te'njente]
capitão (m)	capitán (m)	[kapi'tan]
major (m)	mayor (m)	[ma'jor]
coronel (m)	coronel (m)	[koro'nelʲ]
general (m)	general (m)	[χene'ralʲ]

marujo (m)	marino (m)	[ma'rino]
capitão (m)	capitán (m)	[kapi'tan]
contramestre (m)	contramaestre (m)	[kontrama'estre]

artilheiro (m)	artillero (m)	[arti'jero]
soldado (m) paraquedista	paracaidista (m)	[parakai'ðista]
piloto (m)	piloto (m)	[pi'lʲoto]
navegador (m)	navegador (m)	[naβega'ðor]
mecânico (m)	mecánico (m)	[me'kaniko]

sapador (m)	zapador (m)	[θapa'ðor]
paraquedista (m)	paracaidista (m)	[parakai'ðista]
explorador (m)	explorador (m)	[eksplʲora'ðor]
franco-atirador (m)	francotirador (m)	['fraŋko·tira'ðor]

patrulha (f)	patrulla (f)	[pa'truja]
patrulhar (vt)	patrullar (vi, vt)	[patru'jar]
sentinela (f)	centinela (m)	[θenti'nelʲa]

guerreiro (m)	guerrero (m)	[ge'rero]
patriota (m)	patriota (m)	[pa'trjota]
herói (m)	héroe (m)	['eroe]
heroína (f)	heroína (f)	[ero'ina]

traidor (m)	traidor (m)	[trai'ðor]
trair (vt)	traicionar (vt)	[traiθjo'nar]

desertor (m)	desertor (m)	[deser'tor]
desertar (vt)	desertar (vi)	[deser'tar]

mercenário (m)	mercenario (m)	[merθe'nario]
recruta (m)	recluta (m)	[re'klʲuta]
voluntário (m)	voluntario (m)	[bolʲun'tario]

morto (m)	muerto (m)	[mu'erto]
ferido (m)	herido (m)	[e'riðo]
prisioneiro (m) de guerra	prisionero (m)	[prisjo'nero]

112. Guerra. Ações militares. Parte 1

guerra (f)	guerra (f)	['gera]
guerrear (vt)	estar en guerra	[es'tar en 'gera]

guerra (f) civil	guerra (f) civil	['gera θi'βilʲ]
perfidamente	pérfidamente (adv)	['perfiða'mente]
declaração (f) de guerra	declaración (f) de guerra	[deklʲara'θjon de 'gera]
declarar (vt) guerra	declarar (vt)	[deklʲa'rar]
agressão (f)	agresión (f)	[aɣre'sjon]
atacar (vt)	atacar (vt)	[ata'kar]

invadir (vt)	invadir (vt)	[imba'ðir]
invasor (m)	invasor (m)	[imba'sor]
conquistador (m)	conquistador (m)	[koŋkista'ðor]

defesa (f)	defensa (f)	[de'fensa]
defender (vt)	defender (vt)	[defen'der]
defender-se (vr)	defenderse (vr)	[defen'derse]

inimigo (m)	enemigo (m)	[ene'migo]
adversário (m)	adversario (m)	[aðβer'sario]
inimigo	enemigo (adj)	[ene'migo]

| estratégia (f) | estrategia (f) | [estra'teχia] |
| tática (f) | táctica (f) | ['taktika] |

ordem (f)	orden (f)	['orðen]
comando (m)	comando (m)	[ko'mando]
ordenar (vt)	ordenar (vt)	[orðe'nar]
missão (f)	misión (f)	[mi'sjon]
secreto	secreto (adj)	[se'kreto]

| batalha (f) | batalla (f) | [ba'taja] |
| combate (m) | combate (m) | [kom'bate] |

ataque (m)	ataque (m)	[a'take]
assalto (m)	asalto (m)	[a'salʲto]
assaltar (vt)	tomar por asalto	[to'mar por a'salʲto]
assédio, sítio (m)	asedio (m), sitio (m)	[a'seðio], ['sitio]

| ofensiva (f) | ofensiva (f) | [ofen'siβa] |
| passar à ofensiva | tomar la ofensiva | [to'mar lʲa ofen'siβa] |

| retirada (f) | retirada (f) | [reti'raða] |
| retirar-se (vr) | retirarse (vr) | [reti'rarse] |

| cerco (m) | envolvimiento (m) | [embolʲβi'mjento] |
| cercar (vt) | cercar (vt) | [θer'kar] |

bombardeio (m)	bombardeo (m)	[bombar'ðeo]
lançar uma bomba	lanzar una bomba	[lʲan'θar 'una 'bomba]
bombardear (vt)	bombear (vt)	[bombe'ar]
explosão (f)	explosión (f)	[eksplʲo'sjon]

tiro (m)	tiro (m), disparo (m)	['tiro], [dis'paro]
disparar um tiro	disparar (vi)	[dispa'rar]
tiroteio (m)	tiro (m)	['tiro]

| apontar para ... | apuntar a ... | [apun'tar a] |
| apontar (vt) | encarar (vt) | [eŋka'rar] |

acertar (vt)	alcanzar (vt)	[alʲkan'θar]
afundar (um navio)	hundir (vt)	[un'dir]
brecha (f)	brecha (f)	['bretʃa]
afundar-se (vr)	hundirse (vr)	[un'dirse]
frente (m)	frente (m)	['frente]
evacuação (f)	evacuación (f)	[eβakua'θjon]
evacuar (vt)	evacuar (vt)	[eβaku'ar]
trincheira (f)	trinchera (f)	[trin'tʃera]
arame (m) farpado	alambre (m) de púas	[a'lʲambre de 'puas]
obstáculo (m) anticarro	barrera (f)	[ba'rera]
torre (f) de vigia	torre (f) de vigilancia	['tore de biχi'lʲanθia]
hospital (m)	hospital (m)	[ospi'talʲ]
ferir (vt)	herir (vi, vt)	[e'rir]
ferida (f)	herida (f)	[e'riða]
ferido (m)	herido (m)	[e'riðo]
ficar ferido	recibir una herida	[reθi'βir 'una e'riða]
grave (ferida ~)	grave (adj)	['graβe]

113. Guerra. Ações militares. Parte 2

cativeiro (m)	cautiverio (m)	[kauti'βerio]
capturar (vt)	capturar (vt)	[kaptu'rar]
estar em cativeiro	estar en cautiverio	[es'tar en kauti'βerio]
ser aprisionado	caer prisionero	[ka'er prisjo'nero]
campo (m) de concentração	campo (m) de concentración	['kampo de konθentra'θjon]
prisioneiro (m) de guerra	prisionero (m)	[prisjo'nero]
escapar (vi)	escapar (vi)	[eska'par]
trair (vt)	traicionar (vt)	[traiθjo'nar]
traidor (m)	traidor (m)	[trai'ðor]
traição (f)	traición (f)	[trai'θjon]
fuzilar, executar (vt)	fusilar (vt)	[fusi'lʲar]
fuzilamento (m)	fusilamiento (m)	[fusilʲa'mjento]
equipamento (m)	equipo (m)	[e'kipo]
platina (f)	hombrera (f)	[om'brera]
máscara (f) antigás	máscara (f) antigás	['maskara anti'ɣas]
rádio (m)	radio transmisor (m)	['raðjo transmi'sor]
cifra (f), código (m)	cifra (f)	['θifra]
conspiração (f)	conspiración (f)	[konspira'θjon]
senha (f)	contraseña (f)	[kontra'senja]
mina (f)	mina (f) terrestre	['mina te'restre]
minar (vt)	minar (vt)	[mi'nar]
campo (m) minado	campo (m) minado	['kampo mi'naðo]
alarme (m) aéreo	alarma (f) aérea	[a'lʲarma a'erea]
alarme (m)	alarma (f)	[a'lʲarma]

sinal (m)	señal (f)	[se'njalʲ]
sinalizador (m)	cohete (m) de señales	[ko'ete de se'njales]
estado-maior (m)	estado (m) mayor	[es'taðo ma'jor]
reconhecimento (m)	reconocimiento (m)	[rekonoθi'mjento]
situação (f)	situación (f)	[situa'θjon]
relatório (m)	informe (m)	[imˈforme]
emboscada (f)	emboscada (f)	[embos'kaða]
reforço (m)	refuerzo (m)	[refu'erθo]
alvo (m)	blanco (m)	['blʲaŋko]
campo (m) de tiro	terreno (m) de prueba	[te'reno de pru'eβa]
manobras (f pl)	maniobras (f pl)	[ma'njoβras]
pânico (m)	pánico (m)	['paniko]
devastação (f)	devastación (f)	[deβasta'θjon]
ruínas (f pl)	destrucciones (f pl)	[destruk'θjones]
destruir (vt)	destruir (vt)	[destru'ir]
sobreviver (vi)	sobrevivir (vi, vt)	['soβreβi'βir]
desarmar (vt)	desarmar (vt)	[desar'mar]
manusear (vt)	manejar (vt)	[mane'xar]
Firmes!	¡Firmes!	['firmes]
Descansar!	¡Descanso!	[des'kanso]
façanha (f)	hazaña (f)	[a'θanja]
juramento (m)	juramento (m)	[xura'mento]
jurar (vi)	jurar (vt)	[xu'rar]
condecoração (f)	condecoración (f)	[kondekora'θjon]
condecorar (vt)	condecorar (vt)	[kondeko'rar]
medalha (f)	medalla (f)	[me'ðaja]
ordem (f)	orden (m)	['orðen]
vitória (f)	victoria (f)	[bik'toria]
derrota (f)	derrota (f)	[de'rota]
armistício (m)	armisticio (m)	[armis'tiθio]
bandeira (f)	bandera (f)	[ban'dera]
glória (f)	gloria (f)	['glʲoria]
desfile (m) militar	desfile (m) militar	[desfi'le mili'tar]
marchar (vi)	marchar (vi)	[mar'tʃar]

114. Armas

arma (f)	arma (f)	['arma]
arma (f) de fogo	arma (f) de fuego	['arma de fu'ego]
arma (f) branca	arma (f) blanca	['arma 'blʲaŋka]
arma (f) química	arma (f) química	['arma 'kimika]
nuclear	nuclear (adj)	[nukle'ar]
arma (f) nuclear	arma (f) nuclear	['arma nukle'ar]
bomba (f)	bomba (f)	['bomba]

bomba (f) atómica	bomba (f) **atómica**	['bomba a'tomika]
pistola (f)	**pistola** (f)	[pis'tolʲa]
caçadeira (f)	**fusil** (m)	[fu'silʲ]
pistola-metralhadora (f)	**metralleta** (f)	[metra'jeta]
metralhadora (f)	**ametralladora** (f)	[ametraja'ðora]
boca (f)	**boca** (f)	['boka]
cano (m)	**cañón** (m)	[ka'njon]
calibre (m)	**calibre** (m)	[ka'liβre]
gatilho (m)	**gatillo** (m)	[ga'tijo]
mira (f)	**alza** (f)	['alʲθa]
carregador (m)	**cargador** (m)	[karga'ðor]
coronha (f)	**culata** (f)	[ku'lʲata]
granada (f) de mão	**granada** (f)	[gra'naða]
explosivo (m)	**explosivo** (m)	[eksplʲo'siβo]
bala (f)	**bala** (f)	['balʲa]
cartucho (m)	**cartucho** (m)	[kar'tutʃo]
carga (f)	**carga** (f)	['karga]
munições (f pl)	**pertrechos** (m pl)	[per'tretʃos]
bombardeiro (m)	**bombardero** (m)	[bombar'ðero]
avião (m) de caça	**avión** (m) **de caza**	[a'βjon de 'kaθa]
helicóptero (m)	**helicóptero** (m)	[eli'koptero]
canhão (m) antiaéreo	**antiaéreo** (m)	[anti·a'ereo]
tanque (m)	**tanque** (m)	['taŋke]
canhão (de um tanque)	**cañón** (m)	[ka'njon]
artilharia (f)	**artillería** (f)	[artije'ria]
canhão (m)	**cañón** (m)	[ka'njon]
fazer a pontaria	**dirigir** (vt)	[diri'χir]
morteiro (m)	**mortero** (m)	[mor'tero]
granada (f) de morteiro	**bomba** (f) **de mortero**	['bomba de mar'tero]
obus (m)	**obús** (m)	[o'βus]
estilhaço (m)	**trozo** (m) **de obús**	['troθo de o'βus]
submarino (m)	**submarino** (m)	[suβma'rino]
torpedo (m)	**torpedo** (m)	[tor'peðo]
míssil (m)	**misil** (m)	[mi'silʲ]
carregar (uma arma)	**cargar** (vt)	[kar'gar]
atirar, disparar (vi)	**tirar** (vi)	[ti'rar]
apontar para ...	**apuntar a** ...	[apun'tar a]
baioneta (f)	**bayoneta** (f)	[bajo'neta]
espada (f)	**espada** (f)	[es'paða]
sabre (m)	**sable** (m)	['saβle]
lança (f)	**lanza** (f)	['lʲanθa]
arco (m)	**arco** (m)	['arko]
flecha (f)	**flecha** (f)	['fletʃa]
mosquete (m)	**mosquete** (m)	[mos'kete]
besta (f)	**ballesta** (f)	[ba'jesta]

115. Povos da antiguidade

primitivo	primitivo (adj)	[primi'tiβo]
pré-histórico	prehistórico (adj)	[preis'toriko]
antigo	antiguo (adj)	[an'tiguo]
Idade (f) da Pedra	Edad (f) de Piedra	[e'ðað de 'pjeðra]
Idade (f) do Bronze	Edad (f) de Bronce	[e'ðað de 'bronθe]
período (m) glacial	Edad (f) de Hielo	[e'ðað de 'jelʲo]
tribo (f)	tribu (f)	['triβu]
canibal (m)	caníbal (m)	[ka'niβalʲ]
caçador (m)	cazador (m)	[kaθa'ðor]
caçar (vi)	cazar (vi, vt)	[ka'θar]
mamute (m)	mamut (m)	[ma'mut]
caverna (f)	caverna (f)	[ka'βerna]
fogo (m)	fuego (m)	[fu'ego]
fogueira (f)	hoguera (f)	[o'gera]
pintura (f) rupestre	pintura (f) rupestre	[pin'tura ru'pestre]
ferramenta (f)	herramienta (f), útil (m)	[era'mjenta], ['utilʲ]
lança (f)	lanza (f)	['lʲanθa]
machado (m) de pedra	hacha (f) de piedra	['atʃa de 'pjeðra]
guerrear (vt)	estar en guerra	[es'tar en 'gera]
domesticar (vt)	domesticar (vt)	[domesti'kar]
ídolo (m)	ídolo (m)	['iðolʲo]
adorar, venerar (vt)	adorar (vt)	[aðo'rar]
superstição (f)	superstición (f)	[supersti'θjon]
ritual (m)	rito (m)	['rito]
evolução (f)	evolución (f)	[eβolʲu'θjon]
desenvolvimento (m)	desarrollo (m)	[desa'rojo]
desaparecimento (m)	desaparición (f)	[desapari'θjon]
adaptar-se (vr)	adaptarse (vr)	[aðap'tarse]
arqueologia (f)	arqueología (f)	[arkeolʲo'χia]
arqueólogo (m)	arqueólogo (m)	[arke'olʲogo]
arqueológico	arqueológico (adj)	[arkeo'lʲoχiko]
local (m) das escavações	sitio (m) de excavación	['sitio de ekskaβa'θjon]
escavações (f pl)	excavaciones (f pl)	[ekskaβa'θjones]
achado (m)	hallazgo (m)	[a'jaθgo]
fragmento (m)	fragmento (m)	[fraɣ'mento]

116. Idade média

povo (m)	pueblo (m)	[pu'eβlʲo]
povos (m pl)	pueblos (m pl)	[pu'eβlʲos]
tribo (f)	tribu (f)	['triβu]
tribos (f pl)	tribus (f pl)	['triβus]
bárbaros (m pl)	bárbaros (m pl)	['barβaros]

gauleses (m pl)	galos (m pl)	[ˈgalʲos]
godos (m pl)	godos (m pl)	[ˈgoðos]
eslavos (m pl)	eslavos (m pl)	[esˈlʲaβos]
víquingues (m pl)	vikingos (m pl)	[biˈkingos]
romanos (m pl)	romanos (m pl)	[roˈmanos]
romano	romano (adj)	[roˈmano]
bizantinos (m pl)	bizantinos (m pl)	[biθanˈtinos]
Bizâncio	Bizancio (m)	[biˈθanθio]
bizantino	bizantino (adj)	[biθanˈtino]
imperador (m)	emperador (m)	[emperaˈðor]
líder (m)	jefe (m)	[ˈxefe]
poderoso	poderoso (adj)	[poðeˈroso]
rei (m)	rey (m)	[rej]
governante (m)	gobernador (m)	[goβernaˈðor]
cavaleiro (m)	caballero (m)	[kaβaˈjero]
senhor feudal (m)	señor (m) feudal	[seˈnjor feuˈðalʲ]
feudal	feudal (adj)	[feuˈðalʲ]
vassalo (m)	vasallo (m)	[baˈsajo]
duque (m)	duque (m)	[ˈduke]
conde (m)	conde (m)	[ˈkonde]
barão (m)	barón (m)	[baˈron]
bispo (m)	obispo (m)	[oˈβispo]
armadura (f)	armadura (f)	[armaˈðura]
escudo (m)	escudo (m)	[esˈkuðo]
espada (f)	espada (f)	[esˈpaða]
viseira (f)	visera (f)	[biˈsera]
cota (f) de malha	cota (f) de malla	[ˈkota de ˈmaja]
cruzada (f)	cruzada (f)	[kruˈθaða]
cruzado (m)	cruzado (m)	[kruˈθaðo]
território (m)	territorio (m)	[teriˈtorio]
atacar (vt)	atacar (vt)	[ataˈkar]
conquistar (vt)	conquistar (vt)	[koŋkisˈtar]
ocupar, invadir (vt)	ocupar (vt)	[okuˈpar]
assédio, sítio (m)	asedio (m), sitio (m)	[aˈseðio], [ˈsitio]
sitiado	sitiado (adj)	[siˈtjaðo]
assediar, sitiar (vt)	asediar, sitiar	[aseˈðjar], [siˈtjar]
inquisição (f)	inquisición (f)	[iŋkisiˈθjon]
inquisidor (m)	inquisidor (m)	[iŋkisiˈðor]
tortura (f)	tortura (f)	[torˈtura]
cruel	cruel (adj)	[kruˈelʲ]
herege (m)	hereje (m)	[eˈrexe]
heresia (f)	herejía (f)	[ereˈxia]
navegação (f) marítima	navegación (f) marítima	[naβegaˈθjon maˈritima]
pirata (m)	pirata (m)	[piˈrata]
pirataria (f)	piratería (f)	[pirateˈria]

abordagem (f)	abordaje (m)	[aβor'ðaxe]
presa (f), butim (m)	botín (m)	[bo'tin]
tesouros (m pl)	tesoros (m pl)	[te'soros]
descobrimento (m)	descubrimiento (m)	[deskuβri'mjento]
descobrir (novas terras)	descubrir (vt)	[desku'βrir]
expedição (f)	expedición (f)	[ekspeði'θjon]
mosqueteiro (m)	mosquetero (m)	[moske'tero]
cardeal (m)	cardenal (m)	[karðe'nalʲ]
heráldica (f)	heráldica (f)	[e'ralʲdika]
heráldico	heráldico (adj)	[e'ralʲdiko]

117. Líder. Chefe. Autoridades

rei (m)	rey (m)	[rej]
rainha (f)	reina (f)	['rejna]
real	real (adj)	[re'alʲ]
reino (m)	reino (m)	['rejno]
príncipe (m)	príncipe (m)	['prinθipe]
princesa (f)	princesa (f)	[prin'θesa]
presidente (m)	presidente (m)	[presi'ðente]
vice-presidente (m)	vicepresidente (m)	['biθe·presi'ðente]
senador (m)	senador (m)	[sena'ðor]
monarca (m)	monarca (m)	[mo'narka]
governante (m)	gobernador (m)	[goβerna'ðor]
ditador (m)	dictador (m)	[dikta'ðor]
tirano (m)	tirano (m)	[ti'rano]
magnata (m)	magnate (m)	[maɣ'nate]
diretor (m)	director (m)	[direk'tor]
chefe (m)	jefe (m)	['xefe]
dirigente (m)	gerente (m)	[xe'rente]
patrão (m)	amo (m)	['amo]
dono (m)	dueño (m)	[du'enjo]
líder, chefe (m)	jefe (m), líder (m)	['xefe], ['liðer]
chefe (~ de delegação)	jefe (m)	['xefe]
autoridades (f pl)	autoridades (f pl)	[autori'ðaðes]
superiores (m pl)	superiores (m pl)	[supe'rjores]
governador (m)	gobernador (m)	[goβerna'ðor]
cônsul (m)	cónsul (m)	['konsulʲ]
diplomata (m)	diplomático (m)	[diplʲo'matiko]
Presidente (m) da Câmara	alcalde (m)	[alʲ'kalʲde]
xerife (m)	sheriff (m)	[ʃe'rif]
imperador (m)	emperador (m)	[empera'ðor]
czar (m)	zar (m)	[θar]
faraó (m)	faraón (m)	[fara'on]
cã (m)	jan (m), kan (m)	[xan]

118. Viloação da lei. Criminosos. Parte 1

bandido (m)	bandido (m)	[ban'diðo]
crime (m)	crimen (m)	['krimen]
criminoso (m)	criminal (m)	[krimi'nalʲ]
ladrão (m)	ladrón (m)	[lʲa'ðron]
roubar (vt)	robar (vt)	[ro'βar]
furto, roubo (m)	robo (m)	['roβo]
raptar (ex. ~ uma criança)	secuestrar (vt)	[sekues'trar]
rapto (m)	secuestro (m)	[seku'estro]
raptor (m)	secuestrador (m)	[sekuestra'ðor]
resgate (m)	rescate (m)	[res'kate]
pedir resgate	exigir un rescate	[eksi'χir un res'kate]
roubar (vt)	robar (vt)	[ro'βar]
assalto, roubo (m)	robo (m)	['roβo]
assaltante (m)	atracador (m)	[atraka'ðor]
extorquir (vt)	extorsionar (vt)	[ekstorsjo'nar]
extorsionário (m)	extorsionista (m)	[ekstorsjo'nista]
extorsão (f)	extorsión (f)	[ekstor'sjon]
matar, assassinar (vt)	matar, asesinar (vt)	[ma'tar], [asesi'nar]
homicídio (m)	asesinato (m)	[asesi'nato]
homicida, assassino (m)	asesino (m)	[ase'sino]
tiro (m)	tiro (m), disparo (m)	['tiro], [dis'paro]
dar um tiro	disparar (vi)	[dispa'rar]
matar a tiro	matar (vt)	[ma'tar]
atirar, disparar (vi)	tirar (vi)	[ti'rar]
tiroteio (m)	tiroteo (m)	[tiro'teo]
incidente (m)	incidente (m)	[inθi'ðente]
briga (~ de rua)	pelea (f)	[pe'lea]
Socorro!	¡Socorro!	[so'koro]
vítima (f)	víctima (f)	['biktima]
danificar (vt)	perjudicar (vt)	[perχuði'kar]
dano (m)	daño (m)	['danjo]
cadáver (m)	cadáver (m)	[ka'ðaβer]
grave	grave (adj)	['graβe]
atacar (vt)	atacar (vt)	[ata'kar]
bater (espancar)	pegar (vt)	[pe'gar]
espancar (vt)	apporear (vt)	[appore'ar]
tirar, roubar (dinheiro)	quitar (vt)	[ki'tar]
esfaquear (vt)	acuchillar (vt)	[akutʃi'jar]
mutilar (vt)	mutilar (vt)	[muti'lʲar]
ferir (vt)	herir (vt)	[e'rir]
chantagem (f)	chantaje (m)	[tʃan'taχe]
chantagear (vt)	hacer chantaje	[a'θer tʃan'taχe]

chantagista (m)	chantajista (m)	[ʧanta'xista]
extorsão	extorsión (f)	[ekstor'sjon]
(em troca de proteção)		
extorsionário (m)	extorsionador (m)	[ekstorsjona'ðor]
gângster (m)	gángster (m)	['ganster]
máfia (f)	mafia (f)	['mafia]
carteirista (m)	carterista (m)	[karte'rista]
assaltante, ladrão (m)	ladrón (m) de viviendas	[lʲa'ðron de bi'βjendas]
contrabando (m)	contrabandismo (m)	[kontraβan'dismo]
contrabandista (m)	contrabandista (m)	[kontraβan'dista]
falsificação (f)	falsificación (f)	[falʲsifika'θjon]
falsificar (vt)	falsificar (vt)	[falʲsifi'kar]
falsificado	falso, falsificado	['falʲso], [falʲsifi'kaðo]

119. Viloação da lei. Criminosos. Parte 2

violação (f)	violación (f)	[biolʲa'θjon]
violar (vt)	violar (vt)	[bio'lʲar]
violador (m)	violador (m)	[biolʲa'ðor]
maníaco (m)	maniaco (m)	[mani'ako]
prostituta (f)	prostituta (f)	[prosti'tuta]
prostituição (f)	prostitución (f)	[prostitu'θjon]
chulo (m)	chulo (m), proxeneta (m)	['ʧulʲo], [prokse'neta]
toxicodependente (m)	drogadicto (m)	[droɣ·a'ðikto]
traficante (m)	narcotraficante (m)	[narko·trafi'kante]
explodir (vt)	hacer explotar	[a'θer eksplʲo'tar]
explosão (f)	explosión (f)	[eksplʲo'sjon]
incendiar (vt)	incendiar (vt)	[inθen'djar]
incendiário (m)	incendiario (m)	[inθen'djario]
terrorismo (m)	terrorismo (m)	[tero'rismo]
terrorista (m)	terrorista (m)	[tero'rista]
refém (m)	rehén (m)	[re'en]
enganar (vt)	estafar (vt)	[esta'far]
engano (m)	estafa (f)	[es'tafa]
vigarista (m)	estafador (m)	[estafa'ðor]
subornar (vt)	sobornar (vt)	[soβor'nar]
suborno (atividade)	soborno (m)	[so'βorno]
suborno (dinheiro)	soborno (m)	[so'βorno]
veneno (m)	veneno (m)	[be'neno]
envenenar (vt)	envenenar (vt)	[embene'nar]
envenenar-se (vr)	envenenarse (vr)	[embene'narse]
suicídio (m)	suicidio (m)	[sui'θiðio]
suicida (m)	suicida (m, f)	[sui'θiða]
ameaçar (vt)	amenazar (vt)	[amena'θar]

ameaça (f)	amenaza (f)	[ame'nasa]
atentar contra a vida de ...	atentar (vi)	[aten'tar]
atentado (m)	atentado (m)	[aten'taðo]
roubar (o carro)	robar (vt)	[ro'βar]
desviar (o avião)	secuestrar (vt)	[sekues'trar]
vingança (f)	venganza (f)	[ben'ganθa]
vingar (vt)	vengar (vt)	[ben'gar]
torturar (vt)	torturar (vt)	[tortu'rar]
tortura (f)	tortura (f)	[tor'tura]
atormentar (vt)	atormentar (vt)	[atormen'tar]
pirata (m)	pirata (m)	[pi'rata]
desordeiro (m)	gamberro (m)	[gam'bero]
armado	armado (adj)	[ar'maðo]
violência (f)	violencia (f)	[bio'lenθia]
ilegal	ilegal (adj)	[ile'galʲ]
espionagem (f)	espionaje (m)	[espjo'naχe]
espionar (vi)	espiar (vi, vt)	[espi'jar]

120. Polícia. Lei. Parte 1

justiça (f)	justicia (f)	[χus'tiθia]
tribunal (m)	tribunal (m)	[triβu'nalʲ]
juiz (m)	juez (m)	[χu'eθ]
jurados (m pl)	jurados (m pl)	[χu'raðos]
tribunal (m) do júri	tribunal (m) de jurados	[triβu'nalʲ de χu'raðos]
julgar (vt)	juzgar (vt)	[χuθ'gar]
advogado (m)	abogado (m)	[aβo'gaðo]
réu (m)	acusado (m)	[aku'saðo]
banco (m) dos réus	banquillo (m) de los acusados	[baɲ'kijo de los aku'saðos]
acusação (f)	inculpación (f)	[iŋkulʲpa'θjon]
acusado (m)	inculpado (m)	[iŋkulʲ'paðo]
sentença (f)	sentencia (f)	[sen'tenθia]
sentenciar (vt)	sentenciar (vt)	[senten'θjar]
culpado (m)	culpable (m)	[kulʲ'paβle]
punir (vt)	castigar (vt)	[kasti'gar]
punição (f)	castigo (m)	[kas'tigo]
multa (f)	multa (f)	['mulʲta]
prisão (f) perpétua	cadena (f) perpetua	[ka'ðena per'petua]
pena (f) de morte	pena (f) de muerte	['pena de mu'erte]
cadeira (f) elétrica	silla (f) eléctrica	['sija e'lektrika]
forca (f)	horca (f)	['orka]
executar (vt)	ejecutar (vt)	[eχeku'tar]

execução (f)	ejecución (f)	[eχeku'θjon]
prisão (f)	prisión (f)	[pri'sjon]
cela (f) de prisão	celda (f)	['θelʲda]
escolta (f)	escolta (f)	[es'kolʲta]
guarda (m) prisional	guardia (m) de prisiones	[gu'arðja de pri'sjones]
preso (m)	prisionero (m)	[prisjo'nero]
algemas (f pl)	esposas (f pl)	[es'posas]
algemar (vt)	esposar (vt)	[espo'sar]
fuga, evasão (f)	escape (m)	[es'kape]
fugir (vi)	escaparse (vr)	[eska'parse]
desaparecer (vi)	desaparecer (vi)	[desapare'θer]
soltar, libertar (vt)	liberar (vt)	[liβe'rar]
amnistia (f)	amnistía (f)	[amnis'tia]
polícia (instituição)	policía (f)	[poli'θia]
polícia (m)	policía (m)	[poli'θia]
esquadra (f) de polícia	comisaría (f) de policía	[komisa'ria de poli'θia]
cassetete (m)	porra (f)	['pora]
megafone (m)	megáfono (m)	[me'ɣafono]
carro (m) de patrulha	coche (m) patrulla	['kotʃe pa'truja]
sirene (f)	sirena (f)	[si'rena]
ligar a sirene	poner la sirena	[po'ner lʲa si'rena]
toque (m) da sirene	sonido (m) de sirena	[so'niðo de si'rena]
cena (f) do crime	escena (f) del delito	[e'θeno delʲ de'lito]
testemunha (f)	testigo (m)	[tes'tigo]
liberdade (f)	libertad (f)	[liβer'tað]
cúmplice (m)	cómplice (m)	['kompliθe]
escapar (vi)	escapar de ...	[eska'par de]
traço (não deixar ~s)	rastro (m)	['rastro]

121. Polícia. Lei. Parte 2

procura (f)	búsqueda (f)	['buskeða]
procurar (vt)	buscar (vt)	[bus'kar]
suspeita (f)	sospecha (f)	[sos'petʃa]
suspeito	sospechoso (adj)	[sospe'tʃoso]
parar (vt)	parar (vt)	[pa'rar]
deter (vt)	retener (vt)	[rete'ner]
caso (criminal)	causa (f)	['kausa]
investigação (f)	investigación (f)	[imbestiga'θjon]
detetive (m)	detective (m)	[detek'tiβe]
investigador (m)	investigador (m)	[imbestiga'ðor]
versão (f)	versión (f)	[ber'sjon]
motivo (m)	motivo (m)	[mo'tiβo]
interrogatório (m)	interrogatorio (m)	[interoga'torio]
interrogar (vt)	interrogar (vt)	[intero'gar]
questionar (vt)	interrogar (vt)	[intero'gar]

verificação (f)	control (m)	[kon'trolʲ]
batida (f) policial	redada (f)	[re'ðaða]
busca (f)	registro (m)	[re'xistro]
perseguição (f)	persecución (f)	[perseku'θjon]
perseguir (vt)	perseguir (vt)	[perse'gir]
seguir (vt)	rastrear (vt)	[rastre'ar]
prisão (f)	arresto (m)	[a'resto]
prender (vt)	arrestar (vt)	[ares'tar]
pegar, capturar (vt)	capturar (vt)	[kaptu'rar]
captura (f)	captura (f)	[kap'tura]
documento (m)	documento (m)	[doku'mento]
prova (f)	prueba (f)	[pru'eβa]
provar (vt)	probar (vt)	[pro'βar]
pegada (f)	huella (f)	[u'eja]
impressões (f pl) digitais	huellas (f pl) digitales	[u'ejas diχi'tales]
prova (f)	elemento (m) de prueba	[ele'mento de pru'eβa]
álibi (m)	coartada (f)	[koar'taða]
inocente	inocente (adj)	[ino'θente]
injustiça (f)	injusticia (f)	[inχus'tiθia]
injusto	injusto (adj)	[in'χusto]
criminal	criminal (adj)	[krimi'nalʲ]
confiscar (vt)	confiscar (vt)	[komfis'kar]
droga (f)	narcótico (m)	[nar'kotiko]
arma (f)	arma (f)	['arma]
desarmar (vt)	desarmar (vt)	[desar'mar]
ordenar (vt)	ordenar (vt)	[orðe'nar]
desaparecer (vi)	desaparecer (vi)	[desapare'θer]
lei (f)	ley (f)	[lej]
legal	legal (adj)	[le'galʲ]
ilegal	ilegal (adj)	[ile'galʲ]
responsabilidade (f)	responsabilidad (f)	[responsaβili'ðað]
responsável	responsable (adj)	[respon'saβle]

NATUREZA

A Terra. Parte 1

122. Espaço sideral

cosmos (m)	cosmos (m)	['kosmos]
cósmico	espacial, cósmico (adj)	[espa'θjalʲ], ['kosmiko]
espaço (m) cósmico	espacio (m) cósmico	[es'paθjo 'kosmiko]
mundo (m)	mundo (m)	['mundo]
universo (m)	universo (m)	[uni'βerso]
galáxia (f)	galaxia (f)	[ga'lʲaksia]
estrela (f)	estrella (f)	[es'treja]
constelação (f)	constelación (f)	[konstelʲa'θjon]
planeta (m)	planeta (m)	[plʲa'neta]
satélite (m)	satélite (m)	[sa'telite]
meteorito (m)	meteorito (m)	[meteo'rito]
cometa (m)	cometa (m)	[ko'meta]
asteroide (m)	asteroide (m)	[aste'roiðe]
órbita (f)	órbita (f)	['orβita]
girar (vi)	girar (vi)	[χi'rar]
atmosfera (f)	atmósfera (f)	[að'mosfera]
Sol (m)	Sol (m)	[solʲ]
Sistema (m) Solar	sistema (m) solar	[sis'tema so'lʲar]
eclipse (m) solar	eclipse (m) de Sol	[e'klipse de solʲ]
Terra (f)	Tierra (f)	['tjera]
Lua (f)	Luna (f)	['lʲuna]
Marte (m)	Marte (m)	['marte]
Vénus (f)	Venus (f)	['benus]
Júpiter (m)	Júpiter (m)	['χupiter]
Saturno (m)	Saturno (m)	[sa'turno]
Mercúrio (m)	Mercurio (m)	[mer'kurio]
Urano (m)	Urano (m)	[u'rano]
Neptuno (m)	Neptuno (m)	[nep'tuno]
Plutão (m)	Plutón (m)	[plʲu'ton]
Via Láctea (f)	la Vía Láctea	[lʲa 'bia 'lʲaktea]
Ursa Maior (f)	la Osa Mayor	[lʲa 'osa ma'jor]
Estrela Polar (f)	la Estrella Polar	[lʲa es'treja po'lʲar]
marciano (m)	marciano (m)	[mar'θjano]
extraterrestre (m)	extraterrestre (m)	[ekstrate'restre]

alienígena (m)	planetícola (m)	[plʲane'tikolʲa]
disco (m) voador	platillo (m) volante	[plʲa'tijo bo'lʲante]
nave (f) espacial	nave (f) espacial	['naβe espa'θjalʲ]
estação (f) orbital	estación (f) orbital	[esta'θjon orβi'talʲ]
lançamento (m)	despegue (m)	[des'pege]
motor (m)	motor (m)	[mo'tor]
bocal (m)	tobera (f)	[to'βera]
combustível (m)	combustible (m)	[kombus'tiβle]
cabine (f)	carlinga (f)	[kar'linga]
antena (f)	antena (f)	[an'tena]
vigia (f)	ventana (f)	[ben'tana]
bateria (f) solar	batería (f) solar	[bate'ria so'lʲar]
traje (m) espacial	escafandra (f)	[eska'fandra]
imponderabilidade (f)	ingravidez (f)	[ingraβi'ðeθ]
oxigénio (m)	oxígeno (m)	[o'ksiχeno]
acoplagem (f)	atraque (m)	[a'trake]
fazer uma acoplagem	realizar el atraque	[reali'θar elʲ a'trake]
observatório (m)	observatorio (m)	[oβserβa'torio]
telescópio (m)	telescopio (m)	[teles'kopio]
observar (vt)	observar (vt)	[oβser'βar]
explorar (vt)	explorar (vt)	[eksplʲo'rar]

123. A Terra

Terra (f)	Tierra (f)	['tjera]
globo terrestre (Terra)	globo (m) terrestre	['glʲoβo te'restre]
planeta (m)	planeta (m)	[plʲa'neta]
atmosfera (f)	atmósfera (f)	[að'mosfera]
geografia (f)	geografía (f)	[χeoɣra'fia]
natureza (f)	naturaleza (f)	[natura'leθa]
globo (mapa esférico)	globo (m) terráqueo	['glʲoβo te'rakeo]
mapa (m)	mapa (m)	['mapa]
atlas (m)	atlas (m)	['atlʲas]
Europa (f)	Europa (f)	[eu'ropa]
Ásia (f)	Asia (f)	['asia]
África (f)	África (f)	['afrika]
Austrália (f)	Australia (f)	[aus'tralia]
América (f)	América (f)	[a'merika]
América (f) do Norte	América (f) del Norte	[a'merika delʲ 'norte]
América (f) do Sul	América (f) del Sur	[a'merika delʲ 'sur]
Antártida (f)	Antártida (f)	[an'tartiða]
Ártico (m)	Ártico (m)	['artiko]

124. Pontos cardeais

norte (m)	norte (m)	['norte]
para norte	al norte	[alʲ 'norte]
no norte	en el norte	[en elʲ 'norte]
do norte	del norte (adj)	[delʲ 'norte]
sul (m)	sur (m)	[sur]
para sul	al sur	[alʲ sur]
no sul	en el sur	[en elʲ sur]
do sul	del sur (adj)	[delʲ sur]
oeste, ocidente (m)	oeste (m)	[o'este]
para oeste	al oeste	[alʲ o'este]
no oeste	en el oeste	[en elʲ o'este]
ocidental	del oeste (adj)	[delʲ o'este]
leste, oriente (m)	este (m)	['este]
para leste	al este	[alʲ 'este]
no leste	en el este	[en elʲ 'este]
oriental	del este (adj)	[delʲ 'este]

125. Mar. Oceano

mar (m)	mar (m)	[mar]
oceano (m)	océano (m)	[o'θeano]
golfo (m)	golfo (m)	['golʲfo]
estreito (m)	estrecho (m)	[es'tretʃo]
terra (f) firme	tierra (f) firme	['tjera 'firme]
continente (m)	continente (m)	[konti'nente]
ilha (f)	isla (f)	['islʲa]
península (f)	península (f)	[pe'ninsulʲa]
arquipélago (m)	archipiélago (m)	[artʃipi'elʲago]
baía (f)	bahía (f)	[ba'ia]
porto (m)	ensenada, bahía (f)	[ba'ia]
lagoa (f)	laguna (f)	[lʲa'guna]
cabo (m)	cabo (m)	['kaβo]
atol (m)	atolón (m)	[ato'lʲon]
recife (m)	arrecife (m)	[are'θife]
coral (m)	coral (m)	[ko'ralʲ]
recife (m) de coral	arrecife (m) de coral	[are'θife de ko'ralʲ]
profundo	profundo (adj)	[pro'fundo]
profundidade (f)	profundidad (f)	[profundi'ðað]
abismo (m)	abismo (m)	[a'βismo]
fossa (f) oceânica	fosa (f) oceánica	['fosa oθe'anika]
corrente (f)	corriente (f)	[ko'rjente]
banhar (vt)	bañar (vt)	[ba'njar]
litoral (m)	orilla (f)	[o'rija]

costa (f)	costa (f)	['kosta]
maré (f) alta	flujo (m)	['flʲuχo]
refluxo (m), maré (f) baixa	reflujo (m)	[re'flʲuχo]
restinga (f)	banco (m) de arena	['baŋko de a'rena]
fundo (m)	fondo (m)	['fondo]

onda (f)	ola (f)	['olʲa]
crista (f) da onda	cresta (f) de la ola	['kresta de lʲa 'olʲa]
espuma (f)	espuma (f)	[es'puma]

tempestade (f)	tempestad (f)	[tempes'tað]
furacão (m)	huracán (m)	[ura'kan]
tsunami (m)	tsunami (m)	[tsu'nami]
calmaria (f)	bonanza (f)	[bo'nanθa]
calmo	calmo, tranquilo (adj)	['kalʲmo], [traŋ'kilʲo]

polo (m)	polo (m)	['polʲo]
polar	polar (adj)	[po'lʲar]

latitude (f)	latitud (f)	[lʲati'tuð]
longitude (f)	longitud (f)	[lʲonχi'tuð]
paralela (f)	paralelo (m)	[para'lelʲo]
equador (m)	ecuador (m)	[ekua'ðor]

céu (m)	cielo (m)	['θjelʲo]
horizonte (m)	horizonte (m)	[ori'θonte]
ar (m)	aire (m)	['aire]

farol (m)	faro (m)	['faro]
mergulhar (vi)	bucear (vi)	[buθe'ar]
afundar-se (vr)	hundirse (vr)	[un'dirse]
tesouros (m pl)	tesoros (m pl)	[te'soros]

126. Nomes de Mares e Oceanos

Oceano (m) Atlântico	océano (m) Atlántico	[o'θeano at'lʲantiko]
Oceano (m) Índico	océano (m) Índico	[o'θeano 'indiko]
Oceano (m) Pacífico	océano (m) Pacífico	[o'θeano pa'sifiko]
Oceano (m) Ártico	océano (m) Glacial Ártico	[o'θeano glʲa'θjalʲ 'artiko]

Mar (m) Negro	mar (m) Negro	[mar 'neɣro]
Mar (m) Vermelho	mar (m) Rojo	[mar 'roχo]
Mar (m) Amarelo	mar (m) Amarillo	[mar ama'rijo]
Mar (m) Branco	mar (m) Blanco	[mar 'blʲaŋko]

Mar (m) Cáspio	mar (m) Caspio	[mar 'kaspio]
Mar (m) Morto	mar (m) Muerto	[mar mu'erto]
Mar (m) Mediterrâneo	mar (m) Mediterráneo	[mar meðite'raneo]

Mar (m) Egeu	mar (m) Egeo	[mar e'χeo]
Mar (m) Adriático	mar (m) Adriático	[mar aðri'atiko]

Mar (m) Arábico	mar (m) Arábigo	[mar a'raβigo]
Mar (m) do Japão	mar (m) del Japón	[mar delʲ χa'pon]

Mar (m) de Bering	mar (m) de Bering	[mar de 'beriŋ]
Mar (m) da China Meridional	mar (m) de la China Meridional	[mar de lʲa 'ʃina meriðjo'nalʲ]
Mar (m) de Coral	mar (m) del Coral	[mar delʲ ko'ralʲ]
Mar (m) de Tasman	mar (m) de Tasmania	[mar de tas'mania]
Mar (m) do Caribe	mar (m) Caribe	[mar kari'βe]
Mar (m) de Barents	mar (m) de Barents	[mar de ba'rents]
Mar (m) de Kara	mar (m) de Kara	[mar de 'kara]
Mar (m) do Norte	mar (m) del Norte	['mar delʲ 'norte]
Mar (m) Báltico	mar (m) Báltico	[mar 'baltiko]
Mar (m) da Noruega	mar (m) de Noruega	[mar de noru'ega]

127. Montanhas

montanha (f)	montaña (f)	[mon'taɲa]
cordilheira (f)	cadena (f) de montañas	[ka'ðena de mon'taɲas]
serra (f)	cresta (f) de montañas	['kresta de mon'taɲas]
cume (m)	cima (f)	['θima]
pico (m)	pico (m)	['piko]
sopé (m)	pie (m)	[pje]
declive (m)	cuesta (f)	[ku'esta]
vulcão (m)	volcán (m)	[bolʲ'kan]
vulcão (m) ativo	volcán (m) activo	[bolʲ'kan ak'tiβo]
vulcão (m) extinto	volcán (m) apagado	[bolʲ'kan apa'gaðo]
erupção (f)	erupción (f)	[erup'θjon]
cratera (f)	cráter (m)	['krater]
magma (m)	magma (m)	['mayma]
lava (f)	lava (f)	['lʲaβa]
fundido (lava ~a)	fundido (adj)	[fun'diðo]
desfiladeiro (m)	cañón (m)	[ka'ɲon]
garganta (f)	desfiladero (m)	[desfilʲa'ðero]
fenda (f)	grieta (f)	[gri'eta]
precipício (m)	precipicio (m)	[preθi'piθio]
passo, colo (m)	puerto (m)	[pu'erto]
planalto (m)	meseta (f)	[me'seta]
falésia (f)	roca (f)	['roka]
colina (f)	colina (f)	[ko'lina]
glaciar (m)	glaciar (m)	[glʲa'θjar]
queda (f) d'água	cascada (f)	[kas'kaða]
géiser (m)	geiser (m)	['χejser]
lago (m)	lago (m)	['lʲago]
planície (f)	llanura (f)	[ja'nura]
paisagem (f)	paisaje (m)	[paj'saχe]
eco (m)	eco (m)	['eko]

alpinista (m)	alpinista (m)	[alʲpi'nista]
escalador (m)	escalador (m)	[eskalʲa'ðor]
conquistar (vt)	conquistar (vt)	[koŋkis'tar]
subida, escalada (f)	ascensión (f)	[aθen'sjon]

128. Nomes de montanhas

Alpes (m pl)	Alpes (m pl)	['alʲpes]
monte Branco (m)	Montblanc (m)	[mon'blʲank]
Pirineus (m pl)	Pirineos (m pl)	[piri'neos]
Cárpatos (m pl)	Cárpatos (m pl)	['karpatos]
montes (m pl) Urais	Urales (m pl)	[u'rales]
Cáucaso (m)	Cáucaso (m)	['kaukaso]
Elbrus (m)	Elbrus (m)	['elʲβrus]
Altai (m)	Altai (m)	[alʲ'taj]
Tian Shan (m)	Tian-Shan (m)	['tjan 'ʃan]
Pamir (m)	Pamir (m)	[pa'mir]
Himalaias (m pl)	Himalayos (m pl)	[ima'lʲajos]
monte (m) Everest	Everest (m)	[eβe'rest]
Cordilheira (f) dos Andes	Andes (m pl)	['andes]
Kilimanjaro (m)	Kilimanjaro (m)	[kiliman'χaro]

129. Rios

rio (m)	río (m)	['rio]
fonte, nascente (f)	manantial (m)	[manan'tjalʲ]
leito (m) do rio	lecho (m)	['letʃo]
bacia (f)	cuenca (f) fluvial	[ku'eŋka flʲu'βjalʲ]
desaguar no ...	desembocar en ...	[desembo'kar en]
afluente (m)	afluente (m)	[aflʲu'ente]
margem (do rio)	orilla (f), ribera (f)	[o'rija], [ri'βera]
corrente (f)	corriente (f)	[ko'rjente]
rio abaixo	río abajo (adv)	['rio a'βaχo]
rio acima	río arriba (adv)	['rio a'riβa]
inundação (f)	inundación (f)	[inunda'θjon]
cheia (f)	riada (f)	['rjaða]
transbordar (vi)	desbordarse (vr)	[desβor'ðarse]
inundar (vt)	inundar (vt)	[inun'dar]
banco (m) de areia	bajo (m) arenoso	['baχo are'noso]
rápidos (m pl)	rápido (m)	['rapiðo]
barragem (f)	presa (f)	['presa]
canal (m)	canal (m)	[ka'nalʲ]
reservatório (m) de água	lago (m) artificiale	['lʲago artifi'θjale]
eclusa (f)	esclusa (f)	[es'klʲusa]

corpo (m) de água	cuerpo (m) de agua	[ku'erpo de 'agua]
pântano (m)	pantano (m)	[pan'tano]
tremedal (m)	ciénaga (f)	['θjenaga]
remoinho (m)	remolino (m)	[remo'lino]

arroio, regato (m)	arroyo (m)	[a'rojo]
potável	potable (adj)	[po'taβle]
doce (água)	dulce (adj)	['dulʲθe]

| gelo (m) | hielo (m) | ['jelʲo] |
| congelar-se (vr) | helarse (vr) | [e'lʲarse] |

130. Nomes de rios

| rio Sena (m) | Sena (m) | ['sena] |
| rio Loire (m) | Loira (m) | ['lʲojra] |

rio Tamisa (m)	Támesis (m)	['tamesis]
rio Reno (m)	Rin (m)	[rin]
rio Danúbio (m)	Danubio (m)	[da'nuβio]

rio Volga (m)	Volga (m)	['bolʲga]
rio Don (m)	Don (m)	[don]
rio Lena (m)	Lena (m)	['lena]

rio Amarelo (m)	Río (m) Amarillo	['rio ama'rijo]
rio Yangtzé (m)	Río (m) Azul	['rio a'θulʲ]
rio Mekong (m)	Mekong (m)	[me'kong]
rio Ganges (m)	Ganges (m)	['ganges]

rio Nilo (m)	Nilo (m)	['nilʲo]
rio Congo (m)	Congo (m)	['kongo]
rio Cubango (m)	Okavango (m)	[oka'βango]
rio Zambeze (m)	Zambeze (m)	[sam'beθe]
rio Limpopo (m)	Limpopo (m)	[limpo'po]
rio Mississípi (m)	Misisipi (m)	[misi'sipi]

131. Floresta

| floresta (f), bosque (m) | bosque (m) | ['boske] |
| florestal | de bosque (adj) | [de 'boske] |

mata (f) cerrada	espesura (f)	[espe'sura]
arvoredo (m)	bosquecillo (m)	[bokse'θijo]
clareira (f)	claro (m)	['klʲaro]

| matagal (m) | maleza (f) | [ma'leθa] |
| mato (m) | matorral (m) | [mato'ralʲ] |

vereda (f)	senda (f)	['senda]
ravina (f)	barranco (m)	[ba'raŋko]
árvore (f)	árbol (m)	['arβolʲ]

folha (f)	hoja (f)	['oxa]
folhagem (f)	follaje (m)	[fo'jaxe]
queda (f) das folhas	caída (f) de hojas	[ka'iða de 'oxas]
cair (vi)	caer (vi)	[ka'er]
topo (m)	cima (f)	['θima]
ramo (m)	rama (f)	['rama]
galho (m)	rama (f)	['rama]
botão, rebento (m)	brote (m)	['brote]
agulha (f)	aguja (f)	[a'guxa]
pinha (f)	piña (f)	['pinja]
buraco (m) de árvore	agujero (m)	[agu'xero]
ninho (m)	nido (m)	['niðo]
tronco (m)	tronco (m)	['tronko]
raiz (f)	raíz (f)	[ra'iθ]
casca (f) de árvore	corteza (f)	[kor'teθa]
musgo (m)	musgo (m)	['musgo]
arrancar pela raiz	extirpar (vt)	[estir'par]
cortar (vt)	talar (vt)	[ta'lʲar]
desflorestar (vt)	deforestar (vt)	[defores'tar]
toco, cepo (m)	tocón (m)	[to'kon]
fogueira (f)	hoguera (f)	[o'gera]
incêndio (m) florestal	incendio (m) forestal	[in'θendjo fores'talʲ]
apagar (vt)	apagar (vt)	[apa'gar]
guarda-florestal (m)	guarda (m) forestal	[gu'arða fores'talʲ]
proteção (f)	protección (f)	[protek'θjon]
proteger (a natureza)	proteger (vt)	[prote'xer]
caçador (m) furtivo	cazador (m) furtivo	[kaθa'ðor fur'tiβo]
armadilha (f)	cepo (m)	['θepo]
colher (cogumelos, bagas)	recoger (vt)	[reko'xer]
perder-se (vr)	perderse (vr)	[per'ðerse]

132. Recursos naturais

recursos (m pl) naturais	recursos (m pl) naturales	[re'kursos natu'rales]
minerais (m pl)	recursos (m pl) subterráneos	[re'kursos suβte'raneos]
depósitos (m pl)	depósitos (m pl)	[de'positos]
jazida (f)	yacimiento (m)	[jaθi'mjento]
extrair (vt)	extraer (vt)	[ekstra'er]
extração (f)	extracción (f)	[ekstrak'θjon]
minério (m)	mena (f)	['mena]
mina (f)	mina (f)	['mina]
poço (m) de mina	pozo (m) de mina	['poθo de 'mina]
mineiro (m)	minero (m)	[mi'nero]
gás (m)	gas (m)	[gas]
gasoduto (m)	gasoducto (m)	[gaso'ðukto]

petróleo (m)	petróleo (m)	[pe'troleo]
oleoduto (m)	oleoducto (m)	[oleo'ðukto]
poço (m) de petróleo	pozo (m) de petróleo	['poθo de pe'troleo]
torre (f) petrolífera	torre (f) de sondeo	['tore de son'deo]
petroleiro (m)	petrolero (m)	[petro'lero]
areia (f)	arena (f)	[a'rena]
calcário (m)	caliza (f)	[ka'liθa]
cascalho (m)	grava (f)	['graβa]
turfa (f)	turba (f)	['turβa]
argila (f)	arcilla (f)	[ar'θija]
carvão (m)	carbón (m)	[kar'βon]
ferro (m)	hierro (m)	['jero]
ouro (m)	oro (m)	['oro]
prata (f)	plata (f)	['plʲata]
níquel (m)	níquel (m)	['nikelʲ]
cobre (m)	cobre (m)	['koβre]
zinco (m)	zinc (m)	[θiŋk]
manganês (m)	manganeso (m)	[manga'neso]
mercúrio (m)	mercurio (m)	[mer'kurio]
chumbo (m)	plomo (m)	['plʲomo]
mineral (m)	mineral (m)	[mine'ralʲ]
cristal (m)	cristal (m)	[kris'talʲ]
mármore (m)	mármol (m)	['marmolʲ]
urânio (m)	uranio (m)	[u'ranio]

A Terra. Parte 2

133. Tempo

tempo (m)	**tiempo** (m)	['tjempo]
previsão (f) do tempo	**previsión** (f) **del tiempo**	[preβi'sjon delʲ 'tjempo]
temperatura (f)	**temperatura** (f)	[tempera'tura]
termómetro (m)	**termómetro** (m)	[ter'mometro]
barómetro (m)	**barómetro** (m)	[ba'rometro]
húmido	**húmedo** (adj)	['umeðo]
humidade (f)	**humedad** (f)	[ume'ðað]
calor (m)	**bochorno** (m)	[bo'tʃorno]
cálido	**tórrido** (adj)	['toriðo]
está muito calor	**hace mucho calor**	['aθe 'mutʃo ka'lʲor]
está calor	**hace calor**	['aθe ka'lʲor]
quente	**templado** (adj)	[tem'plʲaðo]
está frio	**hace frío**	['aθe 'frio]
frio	**frío** (adj)	['frio]
sol (m)	**sol** (m)	[solʲ]
brilhar (vi)	**brillar** (vi)	[bri'jar]
de sol, ensolarado	**soleado** (adj)	[sole'aðo]
nascer (vi)	**elevarse** (vr)	[ele'βarse]
pôr-se (vr)	**ponerse** (vr)	[po'nerse]
nuvem (f)	**nube** (f)	['nuβe]
nublado	**nuboso** (adj)	[nu'βoso]
nuvem (f) preta	**nubarrón** (m)	[nuβa'ron]
escuro, cinzento	**nublado** (adj)	[nu'βlʲaðo]
chuva (f)	**lluvia** (f)	['juβia]
está a chover	**está lloviendo**	[es'ta jo'βjendo]
chuvoso	**lluvioso** (adj)	[juβi'oso]
chuviscar (vi)	**llovizmar** (vi)	[joβiθ'nar]
chuva (f) torrencial	**aguacero** (m)	[agua'θero]
chuvada (f)	**chaparrón** (m)	[tʃapa'ron]
forte (chuva)	**fuerte** (adj)	[fu'erte]
poça (f)	**charco** (m)	['tʃarko]
molhar-se (vr)	**mojarse** (vr)	[mo'xarse]
nevoeiro (m)	**niebla** (f)	['njeβlʲa]
de nevoeiro	**nebuloso** (adj)	[neβu'lʲoso]
neve (f)	**nieve** (f)	['njeβe]
está a nevar	**está nevando**	[es'ta ne'βando]

134. Tempo extremo. Catástrofes naturais

trovoada (f)	tormenta (f)	[tor'menta]
relâmpago (m)	relámpago (m)	[re'lʲampago]
relampejar (vi)	relampaguear (vi)	[relʲampage'ar]
trovão (m)	trueno (m)	[tru'eno]
trovejar (vi)	tronar (vi)	[tro'nar]
está a trovejar	está tronando	[es'ta tro'nando]
granizo (m)	granizo (m)	[gra'niθo]
está a cair granizo	está granizando	[es'ta grani'θando]
inundar (vt)	inundar (vt)	[inun'dar]
inundação (f)	inundación (f)	[inunda'θjon]
terremoto (m)	terremoto (m)	[tere'moto]
abalo, tremor (m)	sacudida (f)	[saku'ðiða]
epicentro (m)	epicentro (m)	[epi'θentro]
erupção (f)	erupción (f)	[erup'θjon]
lava (f)	lava (f)	['lʲaβa]
turbilhão (m)	torbellino (m)	[torβe'jino]
tornado (m)	tornado (m)	[tor'naðo]
tufão (m)	tifón (m)	[ti'fon]
furacão (m)	huracán (m)	[ura'kan]
tempestade (f)	tempestad (f)	[tempes'tað]
tsunami (m)	tsunami (m)	[tsu'nami]
ciclone (m)	ciclón (m)	[θik'lʲon]
mau tempo (m)	mal tiempo (m)	[malʲ 'tjempo]
incêndio (m)	incendio (m)	[in'θendio]
catástrofe (f)	catástrofe (f)	[ka'tastrofe]
meteorito (m)	meteorito (m)	[meteo'rito]
avalanche (f)	avalancha (f)	[aβa'lʲantʃa]
deslizamento (m) de neve	alud (m) de nieve	[alʲuð de 'njeβe]
nevasca (f)	ventisca (f)	[ben'tiska]
tempestade (f) de neve	nevasca (f)	[ne'βaska]

Fauna

135. Mamíferos. Predadores

predador (m)	carnívoro (m)	[kar'niβoro]
tigre (m)	tigre (m)	['tiɣre]
leão (m)	león (m)	[le'on]
lobo (m)	lobo (m)	['lʲoβo]
raposa (f)	zorro (m)	['θoro]
jaguar (m)	jaguar (m)	[χagu'ar]
leopardo (m)	leopardo (m)	[leo'parðo]
chita (f)	guepardo (m)	[ge'parðo]
pantera (f)	pantera (f)	[pan'tera]
puma (m)	puma (f)	['puma]
leopardo-das-neves (m)	leopardo (m) de las nieves	[leo'parðo de lʲas 'njeβes]
lince (m)	lince (m)	['linθe]
coiote (m)	coyote (m)	[ko'jote]
chacal (m)	chacal (m)	[tʃa'kalʲ]
hiena (f)	hiena (f)	['jena]

136. Animais selvagens

animal (m)	animal (m)	[ani'malʲ]
besta (f)	bestia (f)	['bestia]
esquilo (m)	ardilla (f)	[ar'ðija]
ouriço (m)	erizo (m)	[e'riθo]
lebre (f)	liebre (f)	['ljeβre]
coelho (m)	conejo (m)	[ko'neχo]
texugo (m)	tejón (m)	[te'χon]
guaxinim (m)	mapache (m)	[ma'patʃe]
hamster (m)	hámster (m)	['χamster]
marmota (f)	marmota (f)	[mar'mota]
toupeira (f)	topo (m)	['topo]
rato (m)	ratón (m)	[ra'ton]
ratazana (f)	rata (f)	['rata]
morcego (m)	murciélago (m)	[mur'θjelʲago]
arminho (m)	armiño (m)	[ar'minjo]
zibelina (f)	cebellina (f)	[θeβe'jina]
marta (f)	marta (f)	['marta]
doninha (f)	comadreja (f)	[koma'ðreχa]
vison (m)	visón (m)	[bi'son]

castor (m)	castor (m)	[kas'tor]
lontra (f)	nutria (f)	['nutria]
cavalo (m)	caballo (m)	[ka'βajo]
alce (m)	alce (m)	['alʲθe]
veado (m)	ciervo (m)	['θjerβo]
camelo (m)	camello (m)	[ka'mejo]
bisão (m)	bisonte (m)	[bi'sonte]
auroque (m)	uro (m)	['uro]
búfalo (m)	búfalo (m)	['bufalʲo]
zebra (f)	cebra (f)	['θeβra]
antílope (m)	antílope (m)	[an'tilʲope]
corça (f)	corzo (m)	['korθo]
gamo (m)	gamo (m)	['gamo]
camurça (f)	gamuza (f)	[ga'muθa]
javali (m)	jabalí (m)	[χaβa'li]
baleia (f)	ballena (f)	[ba'jena]
foca (f)	foca (f)	['foka]
morsa (f)	morsa (f)	['morsa]
urso-marinho (m)	oso (m) marino	['oso ma'rino]
golfinho (m)	delfín (m)	[delʲ'fin]
urso (m)	oso (m)	['oso]
urso (m) branco	oso (m) blanco	['oso 'blʲaŋko]
panda (m)	panda (f)	['panda]
macaco (em geral)	mono (m)	['mono]
chimpanzé (m)	chimpancé (m)	[ʧimpan'se]
orangotango (m)	orangután (m)	[orangu'tan]
gorila (m)	gorila (m)	[go'rilja]
macaco (m)	macaco (m)	[ma'kako]
gibão (m)	gibón (m)	[χi'βon]
elefante (m)	elefante (m)	[ele'fante]
rinoceronte (m)	rinoceronte (m)	[rinoθe'ronte]
girafa (f)	jirafa (f)	[χi'rafa]
hipopótamo (m)	hipopótamo (m)	[ipo'potamo]
canguru (m)	canguro (m)	[kan'guro]
coala (m)	koala (f)	[ko'alʲa]
mangusto (m)	mangosta (f)	[man'gosta]
chinchila (m)	chinchilla (f)	[ʧin'ʧija]
doninha-fedorenta (f)	mofeta (f)	[mo'feta]
porco-espinho (m)	espín (m)	[es'pin]

137. Animais domésticos

gata (f)	gata (f)	['gata]
gato (m) macho	gato (m)	['gato]
cão (m)	perro (m)	['pero]

cavalo (m)	caballo (m)	[ka'βajo]
garanhão (m)	garañón (m)	[gara'njon]
égua (f)	yegua (f)	['jegua]
vaca (f)	vaca (f)	['baka]
touro (m)	toro (m)	['toro]
boi (m)	buey (m)	[bu'ej]
ovelha (f)	oveja (f)	[o'βeχa]
carneiro (m)	carnero (m)	[kar'nero]
cabra (f)	cabra (f)	['kaβra]
bode (m)	cabrón (m)	[ka'βron]
burro (m)	asno (m)	['asno]
mula (f)	mulo (m)	['mulʲo]
porco (m)	cerdo (m)	['θerðo]
leitão (m)	cerdito (m)	[θer'ðito]
coelho (m)	conejo (m)	[ko'neχo]
galinha (f)	gallina (f)	[ga'jina]
galo (m)	gallo (m)	['gajo]
pata (f)	pato (m)	['pato]
pato (macho)	ánade (m)	['anaðe]
ganso (m)	ganso (m)	['ganso]
peru (m)	pavo (m)	['paβo]
perua (f)	pava (f)	['paβa]
animais (m pl) domésticos	animales (m pl) domésticos	[ani'males do'mestikos]
domesticado	domesticado (adj)	[domesti'kaðo]
domesticar (vt)	domesticar (vt)	[domesti'kar]
criar (vt)	criar (vt)	[kri'ar]
quinta (f)	granja (f)	['granχa]
aves (f pl) domésticas	aves (f pl) de corral	['aβes de ko'ralʲ]
gado (m)	ganado (m)	[ga'njaðo]
rebanho (m), manada (f)	rebaño (m)	[re'βanjo]
estábulo (m)	caballeriza (f)	[kaβaje'riθa]
pocilga (f)	porqueriza (f)	[porke'riθa]
estábulo (m)	vaquería (f)	[bake'ria]
coelheira (f)	conejal (m)	[kone'χalʲ]
galinheiro (m)	gallinero (m)	[gaji'nero]

138. Pássaros

pássaro (m), ave (f)	pájaro (m)	['paχaro]
pombo (m)	paloma (f)	[pa'lʲoma]
pardal (m)	gorrión (m)	[gori'jon]
chapim-real (m)	carbonero (m)	[karβo'nero]
pega-rabuda (f)	urraca (f)	[u'raka]
corvo (m)	cuervo (m)	[ku'erβo]

gralha (f) cinzenta	corneja (f)	[kor'neχa]
gralha-de-nuca-cinzenta (f)	chova (f)	['tʃoβa]
gralha-calva (f)	grajo (m)	['graχo]
pato (m)	pato (m)	['pato]
ganso (m)	ganso (m)	['ganso]
faisão (m)	faisán (m)	[faj'san]
águia (f)	águila (f)	['agilʲa]
açor (m)	azor (m)	[a'θor]
falcão (m)	halcón (m)	[alʲ'kon]
abutre (m)	buitre (m)	[bu'itre]
condor (m)	cóndor (m)	['kondor]
cisne (m)	cisne (m)	['θisne]
grou (m)	grulla (f)	['gruja]
cegonha (f)	cigüeña (f)	[θiɣu'enja]
papagaio (m)	loro (m), papagayo (m)	['lʲoro], [papa'gajo]
beija-flor (m)	colibrí (m)	[koli'βri]
pavão (m)	pavo (m) real	['paβo re'alʲ]
avestruz (m)	avestruz (m)	[aβes'truθ]
garça (f)	garza (f)	['garθa]
flamingo (m)	flamenco (m)	[flʲa'meŋko]
pelicano (m)	pelícano (m)	[pe'likano]
rouxinol (m)	ruiseñor (m)	[ruise'njor]
andorinha (f)	golondrina (f)	[golʲon'drina]
tordo-zornal (m)	tordo (m)	['torðo]
tordo-músico (m)	zorzal (m)	[θor'θalʲ]
melro-preto (m)	mirlo (m)	['mirlʲo]
andorinhão (m)	vencejo (m)	[ben'θeχo]
cotovia (f)	alondra (f)	[a'lʲondra]
codorna (f)	codorniz (f)	[koðor'niθ]
pica-pau (m)	pájaro carpintero (m)	['paχaro karpin'tero]
cuco (m)	cuco (m)	['kuko]
coruja (f)	lechuza (f)	[le'tʃuθa]
corujão, bufo (m)	búho (m)	['buo]
tetraz-grande (m)	urogallo (m)	[uro'gajo]
tetraz-lira (m)	gallo lira (m)	['gajo 'lira]
perdiz-cinzenta (f)	perdiz (f)	[per'ðiθ]
estorninho (m)	estornino (m)	[estor'nino]
canário (m)	canario (m)	[ka'nario]
galinha-do-mato (f)	ortega (f)	[or'tega]
tentilhão (m)	pinzón (m)	[pin'θon]
dom-fafe (m)	camachuelo (m)	[kamatʃu'elʲo]
gaivota (f)	gaviota (f)	[ga'βjota]
albatroz (m)	albatros (m)	[alʲ'βatros]
pinguim (m)	pingüino (m)	[pingu'ino]

139. Peixes. Animais marinhos

brema (f)	brema (f)	['brema]
carpa (f)	carpa (f)	['karpa]
perca (f)	perca (f)	['perka]
siluro (m)	siluro (m)	[si'lʲuro]
lúcio (m)	lucio (m)	['lʲuθio]
salmão (m)	salmón (m)	[salʲ'mon]
esturjão (m)	esturión (m)	[estu'rjon]
arenque (m)	arenque (m)	[a'reŋke]
salmão (m)	salmón (m) del Atlántico	[salʲ'mon delʲ at'lʲantiko]
cavala, sarda (f)	caballa (f)	[ka'βaja]
solha (f)	lenguado (m)	[lengu'aðo]
lúcio perca (m)	lucioperca (f)	[lʲuθjo'perka]
bacalhau (m)	bacalao (m)	[baka'lʲao]
atum (m)	atún (m)	[a'tun]
truta (f)	trucha (f)	['trutʃa]
enguia (f)	anguila (f)	[an'gilʲa]
raia elétrica (f)	raya (f) eléctrica	['raja e'lektrika]
moreia (f)	morena (f)	[mo'rena]
piranha (f)	piraña (f)	[pi'ranja]
tubarão (m)	tiburón (m)	[tiβu'ron]
golfinho (m)	delfín (m)	[delʲ'fin]
baleia (f)	ballena (f)	[ba'jena]
caranguejo (m)	centolla (f)	[θen'toja]
medusa, alforreca (f)	medusa (f)	[me'ðusa]
polvo (m)	pulpo (m)	['pulʲpo]
estrela-do-mar (f)	estrella (f) de mar	[es'treja de mar]
ouriço-do-mar (m)	erizo (m) de mar	[e'riθo de mar]
cavalo-marinho (m)	caballito (m) de mar	[kaβa'jito de mar]
ostra (f)	ostra (f)	['ostra]
camarão (m)	camarón (m)	[kama'ron]
lavagante (m)	bogavante (m)	[boga'βante]
lagosta (f)	langosta (f)	[lʲan'gosta]

140. Amfíbios. Répteis

serpente, cobra (f)	serpiente (f)	[ser'pjente]
venenoso	venenoso (adj)	[bene'noso]
víbora (f)	víbora (f)	['biβora]
cobra-capelo, naja (f)	cobra (f)	['koβra]
pitão (m)	pitón (m)	[pi'ton]
jiboia (f)	boa (f)	['boa]
cobra-de-água (f)	culebra (f)	[ku'leβra]

cascavel (f)	serpiente (m) de cascabel	[ser'pjente de kaska'βelʲ]
anaconda (f)	anaconda (f)	[ana'konda]

lagarto (m)	lagarto (m)	[lʲa'garto]
iguana (f)	iguana (f)	[igu'ana]
varano (m)	varano (m)	[ba'rano]
salamandra (f)	salamandra (f)	[salʲa'mandra]
camaleão (m)	camaleón (m)	[kamale'on]
escorpião (m)	escorpión (m)	[eskorpi'on]

tartaruga (f)	tortuga (f)	[tor'tuga]
rã (f)	rana (f)	['rana]
sapo (m)	sapo (m)	['sapo]
crocodilo (m)	cocodrilo (m)	[koko'ðrilʲo]

141. Insetos

inseto (m)	insecto (m)	[in'sekto]
borboleta (f)	mariposa (f)	[mari'posa]
formiga (f)	hormiga (f)	[or'miga]
mosca (f)	mosca (f)	['moska]
mosquito (m)	mosquito (m)	[mos'kito]
escaravelho (m)	escarabajo (m)	[eskara'βaχo]

vespa (f)	avispa (f)	[a'βispa]
abelha (f)	abeja (f)	[a'βeχa]
mamangava (f)	abejorro (m)	[aβe'χoro]
moscardo (m)	moscardón (m)	[moskar'ðon]

aranha (f)	araña (f)	[a'ranja]
teia (f) de aranha	telaraña (f)	[telʲa'ranja]

libélula (f)	libélula (f)	[li'βelʲulʲa]
gafanhoto-do-campo (m)	saltamontes (m)	[salʲta'montes]
traça (f)	mariposa (f) nocturna	[mari'posa nok'turna]

barata (f)	cucaracha (f)	[kuka'ratʃa]
carraça (f)	garrapata (f)	[gara'pata]
pulga (f)	pulga (f)	['pulʲga]
borrachudo (m)	mosca (f) negra	['moska 'neɣra]

gafanhoto (m)	langosta (f)	[lʲan'gosta]
caracol (m)	caracol (m)	[kara'kolʲ]
grilo (m)	grillo (m)	['grijo]
pirilampo (m)	luciérnaga (f)	[lʲu'θjernaga]
joaninha (f)	mariquita (f)	[mari'kita]
besouro (m)	sanjuanero (m)	[sanχwa'nero]

sanguessuga (f)	sanguijuela (f)	[sangiχu'elʲa]
lagarta (f)	oruga (f)	[o'ruga]
minhoca (f)	lombriz (m) de tierra	[lom'briθ de 'tjera]
larva (f)	larva (f)	['lʲarβa]

Flora

142. Árvores

árvore (f)	árbol (m)	['arβolʲ]
decídua	foliáceo (adj)	[foli'aθeo]
conífera	conífero (adj)	[ko'nifero]
perene	de hoja perenne	[de 'oxa pe'renne]
macieira (f)	manzano (m)	[man'θano]
pereira (f)	peral (m)	[pe'ralʲ]
cerejeira (f)	cerezo (m)	[θe'reθo]
ginjeira (f)	guindo (m)	['gindo]
ameixeira (f)	ciruelo (m)	[θiru'elʲo]
bétula (f)	abedul (m)	[aβe'ðulʲ]
carvalho (m)	roble (m)	['roβle]
tília (f)	tilo (m)	['tilʲo]
choupo-tremedor (m)	pobo (m)	['poβo]
bordo (m)	arce (m)	['arθe]
espruce-europeu (m)	pícea (f)	['piθea]
pinheiro (m)	pino (m)	['pino]
alerce, lariço (m)	alerce (m)	[a'lerθe]
abeto (m)	abeto (m)	[a'βeto]
cedro (m)	cedro (m)	['θeðro]
choupo, álamo (m)	álamo (m)	['alʲamo]
tramazeira (f)	serbal (m)	[ser'βalʲ]
salgueiro (m)	sauce (m)	['sauθe]
amieiro (m)	aliso (m)	[a'liso]
faia (f)	haya (f)	['aja]
ulmeiro (m)	olmo (m)	['olʲmo]
freixo (m)	fresno (m)	['fresno]
castanheiro (m)	castaño (m)	[kas'tanjo]
magnólia (f)	magnolia (f)	[maɣ'nolia]
palmeira (f)	palmera (f)	[palʲ'mera]
cipreste (m)	ciprés (m)	[θi'pres]
mangue (m)	mangle (m)	['mangl]
embondeiro, baobá (m)	baobab (m)	[bao'βaβ]
eucalipto (m)	eucalipto (m)	[euka'lipto]
sequoia (f)	secoya (f)	[se'koja]

143. Arbustos

arbusto (m)	mata (f)	['mata]
arbusto (m), moita (f)	arbusto (m)	[ar'βusto]

videira (f)	vid (f)	[bið]
vinhedo (m)	viñedo (m)	[bi'njeðo]
framboeseira (f)	frambueso (m)	[frambu'eso]
groselheira-preta (f)	grosellero (m) negro	[grose'jero 'neɣro]
groselheira-vermelha (f)	grosellero (m) rojo	[grose'jero 'roχo]
groselheira (f) espinhosa	grosellero (m) espinoso	[grose'jero espi'noso]
acácia (f)	acacia (f)	[a'kaθia]
bérberis (f)	berberís (m)	[berβe'ris]
jasmim (m)	jazmín (m)	[χaθ'min]
junípero (m)	enebro (m)	[e'neβro]
roseira (f)	rosal (m)	[ro'salʲ]
roseira (f) brava	escaramujo (m)	[eskara'muχo]

144. Frutos. Bagas

fruta (f)	fruto (m)	['fruto]
frutas (f pl)	frutos (m pl)	['frutos]
maçã (f)	manzana (f)	[man'θana]
pera (f)	pera (f)	['pera]
ameixa (f)	ciruela (f)	[θiru'elʲa]
morango (m)	fresa (f)	['fresa]
ginja (f)	guinda (f)	['ginda]
cereja (f)	cereza (f)	[θe'reθa]
uva (f)	uva (f)	['uβa]
framboesa (f)	frambuesa (f)	[frambu'esa]
groselha (f) preta	grosella (f) negra	[gro'seja 'neɣra]
groselha (f) vermelha	grosella (f) roja	[gro'seja 'roχa]
groselha (f) espinhosa	grosella (f) espinosa	[gro'seja espi'nosa]
oxicoco (m)	arándano (m) agrio	[a'randano 'aɣrio]
laranja (f)	naranja (f)	[na'ranχa]
tangerina (f)	mandarina (f)	[manda'rina]
ananás (m)	piña (f)	['pinja]
banana (f)	banana (f)	[ba'nana]
tâmara (f)	dátil (m)	['datilʲ]
limão (m)	limón (m)	[li'mon]
damasco (m)	albaricoque (m)	[alʲβari'koke]
pêssego (m)	melocotón (m)	[melʲoko'ton]
kiwi (m)	kiwi (m)	['kiwi]
toranja (f)	toronja (f)	[to'ronχa]
baga (f)	baya (f)	['baja]
bagas (f pl)	bayas (f pl)	['bajas]
arando (m) vermelho	arándano (m) rojo	[a'randano 'roχo]
morango-silvestre (m)	fresa (f) silvestre	['fresa silʲ'βestre]
mirtilo (m)	arándano (m)	[a'randano]

145. Flores. Plantas

flor (f)	flor (f)	[flʲor]
ramo (m) de flores	ramo (m) de flores	['ramo de 'flʲores]
rosa (f)	rosa (f)	['rosa]
tulipa (f)	tulipán (m)	[tuli'pan]
cravo (m)	clavel (m)	[klʲa'βelʲ]
gladíolo (m)	gladiolo (m)	[glʲa'ðjolʲo]
centáurea (f)	aciano (m)	[a'θjano]
campânula (f)	campanilla (f)	[kampa'nija]
dente-de-leão (m)	diente (m) de león	['djente de le'on]
camomila (f)	manzanilla (f)	[manθa'nija]
aloé (m)	áloe (m)	['alʲoe]
cato (m)	cacto (m)	['kakto]
fícus (m)	ficus (m)	['fikus]
lírio (m)	azucena (f)	[aθu'sena]
gerânio (m)	geranio (m)	[xe'ranio]
jacinto (m)	jacinto (m)	[xa'θinto]
mimosa (f)	mimosa (f)	[mi'mosa]
narciso (m)	narciso (m)	[nar'θiso]
capuchinha (f)	capuchina (f)	[kapu'tʃina]
orquídea (f)	orquídea (f)	[or'kiðea]
peónia (f)	peonía (f)	[peo'nia]
violeta (f)	violeta (f)	[bio'leta]
amor-perfeito (m)	trinitaria (f)	[trini'taria]
não-me-esqueças (m)	nomeolvides (f)	[nomeolʲ'βiðes]
margarida (f)	margarita (f)	[marga'rita]
papoula (f)	amapola (f)	[ama'polʲa]
cânhamo (m)	cáñamo (m)	['kanjamo]
hortelã (f)	menta (f)	['menta]
lírio-do-vale (m)	muguete (m)	[mu'gete]
campânula-branca (f)	campanilla (f) de las nieves	[kampa'nija de lʲas 'njeβes]
urtiga (f)	ortiga (f)	[or'tiga]
azeda (f)	acedera (f)	[aθe'ðera]
nenúfar (m)	nenúfar (m)	[ne'nufar]
feto (m), samambaia (f)	helecho (m)	[e'letʃo]
líquen (m)	liquen (m)	['liken]
estufa (f)	invernadero (m)	[imberna'ðero]
relvado (m)	césped (m)	['θespeð]
canteiro (m) de flores	macizo (m) de flores	[ma'θiθo de 'flʲores]
planta (f)	planta (f)	['plʲanta]
erva (f)	hierba (f)	['jerβa]
folha (f) de erva	hoja (f) de hierba	['oxa de 'jerβa]

folha (f)	hoja (f)	['oxa]
pétala (f)	pétalo (m)	['petalʲo]
talo (m)	tallo (m)	['tajo]
tubérculo (m)	tubérculo (m)	[tu'βerkulʲo]
broto, rebento (m)	retoño (m)	[re'tonjo]
espinho (m)	espina (f)	[es'pina]
florescer (vi)	florecer (vi)	[flʲore'θer]
murchar (vi)	marchitarse (vr)	[martʃi'tarse]
cheiro (m)	olor (m)	[o'lʲor]
cortar (flores)	cortar (vt)	[kor'tar]
colher (uma flor)	coger (vt)	[ko'xer]

146. Cereais, grãos

grão (m)	grano (m)	['grano]
cereais (plantas)	cereales (m pl)	[θere'ales]
espiga (f)	espiga (f)	[es'piga]
trigo (m)	trigo (m)	['trigo]
centeio (m)	centeno (m)	[θen'teno]
aveia (f)	avena (f)	[a'βena]
milho-miúdo (m)	mijo (m)	['mixo]
cevada (f)	cebada (f)	[θe'βaða]
milho (m)	maíz (m)	[ma'iθ]
arroz (m)	arroz (m)	[a'roθ]
trigo-sarraceno (m)	alforfón (m)	[alʲfor'fon]
ervilha (f)	guisante (m)	[gi'sante]
feijão (m)	fréjol (m)	['frexolʲ]
soja (f)	soya (f)	['soja]
lentilha (f)	lenteja (f)	[len'texa]
fava (f)	habas (f pl)	['aβas]

PAÍSES. NACIONALIDADES

147. Europa Ocidental

Europa (f)	Europa (f)	[eu'ropa]
União (f) Europeia	Unión (f) Europea	[u'njon euro'pea]
Áustria (f)	Austria (f)	['austria]
Grã-Bretanha (f)	Gran Bretaña (f)	[gram bre'tanja]
Inglaterra (f)	Inglaterra (f)	[inglʲa'tera]
Bélgica (f)	Bélgica (f)	['belʲxika]
Alemanha (f)	Alemania (f)	[ale'mania]
Países (m pl) Baixos	Países Bajos (m pl)	[pa'ises 'baxos]
Holanda (f)	Holanda (f)	[o'lʲanda]
Grécia (f)	Grecia (f)	['greθia]
Dinamarca (f)	Dinamarca (f)	[dina'marka]
Irlanda (f)	Irlanda (f)	[ir'lʲanda]
Islândia (f)	Islandia (f)	[is'lʲandia]
Espanha (f)	España (f)	[es'panja]
Itália (f)	Italia (f)	[i'talia]
Chipre (m)	Chipre (m)	['ʧipre]
Malta (f)	Malta (f)	['malʲta]
Noruega (f)	Noruega (f)	[noru'ega]
Portugal (m)	Portugal (m)	[portu'galʲ]
Finlândia (f)	Finlandia (f)	[fin'lʲandia]
França (f)	Francia (f)	['franθia]
Suécia (f)	Suecia (f)	[su'eθia]
Suíça (f)	Suiza (f)	[su'isa]
Escócia (f)	Escocia (f)	[es'koθia]
Vaticano (m)	Vaticano (m)	[bati'kano]
Liechtenstein (m)	Liechtenstein (m)	[lexten'stejn]
Luxemburgo (m)	Luxemburgo (m)	[lʲuksem'burgo]
Mónaco (m)	Mónaco (m)	['monako]

148. Europa Central e de Leste

Albânia (f)	Albania (f)	[alʲ'βania]
Bulgária (f)	Bulgaria (f)	[bul'garia]
Hungria (f)	Hungría (f)	[un'gria]
Letónia (f)	Letonia (f)	[le'tonia]
Lituânia (f)	Lituania (f)	[litu'ania]
Polónia (f)	Polonia (f)	[po'lʲonia]

Roménia (f)	Rumania (f)	[ru'mania]
Sérvia (f)	Serbia (f)	['serβia]
Eslováquia (f)	Eslovaquia (f)	[eslʲo'βakia]

Croácia (f)	Croacia (f)	[kro'aθia]
República (f) Checa	Chequia (f)	['tʃekia]
Estónia (f)	Estonia (f)	[es'tonia]

Bósnia e Herzegovina (f)	Bosnia y Herzegovina	['bosnia i herθeχo'βina]
Macedónia (f)	Macedonia	[maθe'ðonja]
Eslovénia (f)	Eslovenia	[eslʲo'βenia]
Montenegro (m)	Montenegro (m)	[monte'neɣro]

149. Países da ex-URSS

| Azerbaijão (m) | Azerbaiyán (m) | [aθerβa'jan] |
| Arménia (f) | Armenia (f) | [ar'menia] |

Bielorrússia (f)	Bielorrusia (f)	[bjelʲo'rusia]
Geórgia (f)	Georgia (f)	[χe'orχia]
Cazaquistão (m)	Kazajstán (m)	[kaθaχs'tan]
Quirguistão (m)	Kirguizistán (m)	[kirgiθis'tan]
Moldávia (f)	Moldavia (f)	[molʲ'ðaβia]

| Rússia (f) | Rusia (f) | ['rusia] |
| Ucrânia (f) | Ucrania (f) | [u'krania] |

Tajiquistão (m)	Tayikistán (m)	[tajikis'tan]
Turquemenistão (m)	Turkmenistán (m)	[turkmenis'tan]
Uzbequistão (f)	Uzbekistán (m)	[uθbekis'tan]

150. Asia

Ásia (f)	Asia (f)	['asia]
Vietname (m)	Vietnam (m)	[bjet'nam]
Índia (f)	India (f)	['india]
Israel (m)	Israel (m)	[isra'elʲ]

China (f)	China (f)	['tʃina]
Líbano (m)	Líbano (m)	['liβano]
Mongólia (f)	Mongolia (f)	[mon'golia]

| Malásia (f) | Malasia (f) | [ma'lʲasia] |
| Paquistão (m) | Pakistán (m) | [pakis'tan] |

Arábia (f) Saudita	Arabia (f) Saudita	[a'raβia sau'ðita]
Tailândia (f)	Tailandia (f)	[taj'lʲandia]
Taiwan (m)	Taiwán (m)	[taj'wan]
Turquia (f)	Turquía (f)	[tur'kia]
Japão (m)	Japón (m)	[χa'pon]
Afeganistão (m)	Afganistán (m)	[afganis'tan]
Bangladesh (m)	Bangladesh (m)	[banglʲa'ðeʃ]

| Indonésia (f) | Indonesia (f) | [indo'nesia] |
| Jordânia (f) | Jordania (f) | [xor'ðania] |

Iraque (m)	Irak (m)	[i'rak]
Irão (m)	Irán (m)	[i'ran]
Camboja (f)	Camboya (f)	[kam'boja]
Kuwait (m)	Kuwait (m)	[ku'wajt]

Laos (m)	Laos (m)	[lʲa'os]
Myanmar (m), Birmânia (f)	Myanmar (m)	[mjan'mar]
Nepal (m)	Nepal (m)	[ne'palʲ]
Emirados Árabes Unidos	Emiratos (m pl) Árabes Unidos	[emi'rates 'araβes u'niðos]

| Síria (f) | Siria (f) | ['siria] |
| Palestina (f) | Palestina (f) | [pales'tina] |

| Coreia do Sul (f) | Corea (f) del Sur | [ko'rea delʲ sur] |
| Coreia do Norte (f) | Corea (f) del Norte | [ko'rea delʲ 'norte] |

151. América do Norte

Estados Unidos da América	Estados Unidos de América (m pl)	[es'tados u'niðos de a'merika]
Canadá (m)	Canadá (f)	[kana'ða]
México (m)	Méjico (m)	['meχiko]

152. América Central do Sul

Argentina (f)	Argentina (f)	[arχen'tina]
Brasil (m)	Brasil (m)	[bra'silʲ]
Colômbia (f)	Colombia (f)	[ko'lʲombia]

| Cuba (f) | Cuba (f) | ['kuβa] |
| Chile (m) | Chile (m) | ['ʧile] |

| Bolívia (f) | Bolivia (f) | [bo'liβia] |
| Venezuela (f) | Venezuela (f) | [beneθu'elʲa] |

| Paraguai (m) | Paraguay (m) | [paragu'aj] |
| Peru (m) | Perú (m) | [pe'ru] |

Suriname (m)	Surinam (m)	[suri'nam]
Uruguai (m)	Uruguay (m)	[urugu'aj]
Equador (m)	Ecuador (m)	[ekua'ðor]

| Bahamas (f pl) | Islas (f pl) Bahamas | ['islʲas ba'amas] |
| Haiti (m) | Haití (m) | [ai'ti] |

República (f) Dominicana	República (f) Dominicana	[re'puβlika domini'kana]
Panamá (m)	Panamá (f)	[pana'ma]
Jamaica (f)	Jamaica (f)	[χa'majka]

153. Africa

Egito (m)	**Egipto** (m)	[e'xipto]
Marrocos	**Marruecos** (m)	[maru'ekos]
Tunísia (f)	**Túnez** (m)	['tuneθ]

Gana (f)	**Ghana** (f)	['gana]
Zanzibar (m)	**Zanzíbar** (m)	[θan'θiβar]
Quénia (f)	**Kenia** (f)	['kenia]
Líbia (f)	**Libia** (f)	['liβia]
Madagáscar (m)	**Madagascar** (m)	[maðagas'kar]

Namíbia (f)	**Namibia** (f)	[na'miβia]
Senegal (m)	**Senegal** (m)	[sene'galʲ]
Tanzânia (f)	**Tanzania** (f)	[tan'θania]
África do Sul (f)	**República** (f) **Sudafricana**	[re'puβlika suð·afri'kana]

154. Austrália. Oceania

Austrália (f)	**Australia** (f)	[aus'tralia]
Nova Zelândia (f)	**Nueva Zelanda** (f)	[nu'eβa θe'lʲanda]

Tasmânia (f)	**Tasmania** (f)	[tas'mania]
Polinésia Francesa (f)	**Polinesia** (f) **Francesa**	[poli'nesia fran'θesa]

155. Cidades

Amesterdão	**Ámsterdam**	['amsterðam]
Ancara	**Ankara**	[aŋ'kara]
Atenas	**Atenas**	[a'tenas]

Bagdade	**Bagdad**	[baɣ'ðað]
Banguecoque	**Bangkok**	[baŋ'kok]
Barcelona	**Barcelona**	[barθe'lʲona]
Beirute	**Beirut**	[bej'rut]
Berlim	**Berlín**	[ber'lin]

Bombaim	**Mumbai**	[mum'baj]
Bona	**Bonn**	[bon]
Bordéus	**Burdeos**	[bur'ðeos]
Bratislava	**Bratislava**	[brati'slʲaβa]
Bruxelas	**Bruselas**	[bru'selʲas]
Bucareste	**Bucarest**	[buka'rest]
Budapeste	**Budapest**	[buða'pest]

Cairo	**El Cairo**	[elʲ 'kajro]
Calcutá	**Calcuta**	[kalʲ'kuta]
Chicago	**Chicago**	[tʃi'kago]
Cidade do México	**Ciudad de México**	[θju'ðað de 'mexiko]
Copenhaga	**Copenhague**	[kope'nage]
Dar es Salaam	**Dar-es-Salam**	[dar·es·sa'lʲam]

Deli	Delhi	['deli]
Dubai	Dubai	[du'βaj]
Dublin, Dublim	**Dublín**	[du'βlin]
Düsseldorf	**Dusseldorf**	['dusselʲ'ðorf]
Estocolmo	Estocolmo	[esto'kolʲmo]

Florença	Florencia	[flʲo'renθia]
Frankfurt	**Fráncfort del Meno**	['fraŋkfort delʲ 'meno]
Genebra	Ginebra	[χi'neβra]
Haia	la Haya	[lʲa 'aja]
Hamburgo	**Hamburgo**	[am'burgo]
Hanói	Hanói	[a'noi]
Havana	La Habana	[lʲa a'βana]

Helsínquia	**Helsinki**	[χelʲ'siŋki]
Hiroshima	Hiroshima	[iro'ʃima]
Hong Kong	**Hong Kong**	[χoŋ 'koŋ]
Istambul	Estambul	[estam'bulʲ]
Jerusalém	**Jerusalén**	[χerusa'len]

Kiev	Kiev	['kiev]
Kuala Lumpur	**Kuala Lumpur**	[ku'alʲa lʲum'pur]
Lisboa	**Lisboa**	[lis'βoa]
Londres	**Londres**	['lʲondres]
Los Angeles	**Los Ángeles**	[los 'anχeles]
Lion	Lyon	[li'on]

Madrid	**Madrid**	[ma'ðrið]
Marselha	**Marsella**	[mar'seja]
Miami	Miami	['mijami]
Montreal	Montreal	[montre'alʲ]
Moscovo	Moscú	[mos'ku]
Munique	**Múnich**	['mʲunik]

Nairóbi	Nairobi	[naj'roβi]
Nápoles	**Nápoles**	['napoles]
Nice	Niza	['niθa]
Nova York	**Nueva York**	[nu'eβa 'jork]

Oslo	Oslo	['oslʲo]
Ottawa	Ottawa	[ot'taβa]
Paris	**París**	[pa'ris]
Pequim	**Pekín**	[pe'kin]
Praga	**Praga**	['praga]

Rio de Janeiro	**Río de Janeiro**	['rio de χa'nejro]
Roma	Roma	['roma]
São Petersburgo	**San Petersburgo**	[san peters'βurgo]
Seul	Seúl	[se'ulʲ]
Singapura	**Singapur**	[singa'pur]
Sydney	Sydney	['siðnej]

Taipé	**Taipei**	[taj'pej]
Tóquio	Tokio	['tokio]
Toronto	**Toronto**	[to'ronto]
Varsóvia	Varsovia	[bar'soβia]

Veneza	**Venecia**	[be'neθia]
Viena	**Viena**	['bjena]
Washington	**Washington**	['waʃiŋton]
Xangai	**Shanghái**	[ʃan'gaj]

www.ingramcontent.com/pod-product-compliance
Lightning Source LLC
Chambersburg PA
CBHW070554050426
42450CB00011B/2865